全国中等职业技术学校商贸类通用教材

市场营销（第二版）习题册

肖剑锋 主编

中国劳动社会保障出版社

简介

本书为全国中等职业技术学校商贸类通用教材《市场营销（第二版）》的配套习题册。

本书题型设计多样，包括填空题、选择题、判断题、名词解释、简答题、案例分析等，力求充分体现教材的重点和难点，反映学生实际工作中即将面临的具体问题，使学生能够掌握市场营销的知识和技能，并具有解决实际问题的能力。

本书由肖剑锋任主编，葛景瑶任副主编。

图书在版编目（CIP）数据

市场营销（第二版）习题册 / 肖剑锋主编 . -- 北京：中国劳动社会保障出版社，2023
全国中等职业技术学校商贸类通用教材
ISBN 978-7-5167-6180-9

Ⅰ.①市…　Ⅱ.①肖…　Ⅲ.①市场营销学 - 中等专业学校 - 教学参考资料　Ⅳ.①F713.50

中国国家版本馆 CIP 数据核字（2023）第 216465 号

中国劳动社会保障出版社出版发行
（北京市惠新东街 1 号　邮政编码：100029）

*

三河市华骏印务包装有限公司印刷装订　　新华书店经销

787 毫米 ×1092 毫米　16 开本　6 印张　124 千字
2023 年 11 月第 1 版　　2023 年 11 月第 1 次印刷
定价：13.00 元

营销中心电话：400-606-6496
出版社网址：http://www.class.com.cn
http://jg.class.com.cn

目　录

第一章　市场营销导论

第一节　市场和市场营销

一、填空题

1．市场三要素包括________、购买力与购买欲望。

2．1990 年，美国学者劳特朋教授提出了以________为导向的 4C 理论。

3．4R 理论以________为核心，既从企业利益出发又兼顾消费者需求，注重企业和消费者之间的长期互动，注重建立消费者忠诚度。

4．按购买者身份不同，可将市场分为________、生产者市场、中间商市场和政府市场。

二、选择题

1．购买货物或劳务的目的是进行再生产以获取利润的个人或组织构成的市场是（　　）。

A．消费者市场　　B．生产者市场

C．中间商市场　　D．政府市场

2．4P 理论的四个组合要素包括产品、价格、渠道和（　　）。

A．政治　　B．关系　　C．沟通　　D．促销

3．4I 理论的四要素包括趣味、利益、互动和（　　）。

A．关联　　B．个性　　C．报酬　　D．成本

4．4R 理论认为（　　）。

A．市场营销就是要千方百计地拉关系

B．保持并发展与消费者的长期关系是最重要的

C．吸引新顾客比维护老顾客更重要

D．关系市场营销的成本比交易市场营销的高

5．批发商、代理商、零售商通常属于（　　）。

A．政府市场　　B．消费者市场

C. 中间商市场　　　　　　　　　　　D. 生产者市场

6. 下列说法正确的是（　　）。

A. 在市场营销学中，市场是指交换商品的地点

B. 政府市场的购买决策周期较长

C. 网络时代，与消费者交流的成本与便捷性增加

D. 市场营销活动必须以激发目标消费者兴趣为根本点才能留住消费者

7. 构成容量很大的现实市场，必须（　　）。

A. 人口众多且地大物博

B. 购买力强且购买欲望大

C. 政局稳定且经济繁荣

D. 人口众多、购买力强且购买欲望大

三、判断题

1. 从工作流程上来说，营销与销售是整体和部分的关系。（　　）

2. 消费者市场的购买者数量较少但规模大。（　　）

3. 4I 理论认为，轻松、娱乐化、有创意、单向定点沟通、参与体验式的内容才能引起消费者的兴趣。（　　）

4. 4R 理论认为，一定的合理回报既是营销活动的出发点，也是营销活动的落脚点。（　　）

5. 美国比中国人口数量少，因而美国市场不如中国市场大。（　　）

6. 市场营销理论建立在市场经济的基础上。（　　）

7. 生产者市场需求是由消费者市场需求派生和引申出来的。（　　）

8. 4R 理论忽略了消费者是市场营销活动的真正对象。（　　）

9. 从营销理论的角度看，市场就是买卖商品的场所。（　　）

四、名词解释

1. 市场

2. 市场营销

3. 潜在市场

五、简答题

1. 说一说市场三要素之间的关系。

2. 中间商市场有哪些特点？

3. 按购买者成熟程度不同，市场分为哪几类？企业营销资源应如何科学投放？

六、案例分析

材料一：沃尔玛超市在与顾客建立良好关系方面做得比较成功。沃尔玛会员除了可享受到价格优惠外，还会在节假日和有促销活动时收到沃尔玛超市的祝福短信和一些关于促销活动的信息，这使会员们获得了归属感和尊重。同时，沃尔玛超市还建立了数据库系统，对每一位会员的基本信息、购物金额、购物次数等进行详细的记录，并针对不同的会员采取不同的营销策略，最终取得了很好的营销效果。

材料二：iPhone手机的问世让行将破产的苹果公司起死回生，并使得苹果公司迅速跻身世界最具市值企业的行列。这一切的发生都源自苹果公司对新科技、新需求的敏锐嗅觉。苹果公司始终站在科技的最前沿，时刻聆听消费者的需求，公司的产品研发人员不仅是新产品的设计者，更是市场调查者，他们能走近消费者，发现他们的需求，并对这些需求迅速做出反应。

问题：

联系所学过的市场营销理论，说一说以上2家企业分别践行了哪种市场营销理论。

第二节　市场营销观念

一、填空题

1. 传统市场营销观念包括________、产品观念和推销观念。

2. 市场营销观念随着商品经济的发展而演变，归根结底是由________所决定的。

3. 现代市场营销观念的出发点是________，以消费者需求为中心，目的是从消费者的满足之中获取利润。

4. 生产观念认为，消费者喜欢那些可以随处买到和价格低廉的商品，企业应当组织和利用所有资源，集中一切力量提高________和扩大分销范围，增加产量，降低成本。

二、选择题

1. 认为“酒香不怕巷子深”的市场营销观念是（　　）。

A. 生产观念　　B. 产品观念
C. 推销观念　　D. 绿色营销观念

2. 推销观念认为（　　）。

A. 只要大力推销，消费者就会接受企业的产品
B. 只要产品质量好，就不愁产品卖不出去
C. 从消费者需求出发生产产品是推销的基础
D. 要统筹兼顾企业、消费者和社会的利益

3. 社会市场营销观念认为（　　）。

A. 市场营销活动应从社会的利益出发
B. 应统筹兼顾企业、消费者和社会的利益
C. 满足了社会的利益，就可以满足消费者和企业的利益
D. 消费者是上帝，消费者的利益就是企业的利益

4. “深海”集团总裁曾说过：“企业必须在第一时间发现市场需求，并在第一时间满足需求，这样企业才能在竞争中制胜。”这句话体现的市场营销观念是（　　）。

A. 产品观念　　B. 社会营销观念
C. 推销观念　　D. 市场营销观念

5. 在买方市场条件下，企业开展市场营销活动不应遵循的市场营销观念是（　　）。

A. 生产观念　　B. 定制营销观念
C. 体验营销观念　　D. 社会营销观念

6. 以“消费者需要什么，我们就生产什么”为核心思想的市场营销观念是（　　）。

A. 生产观念　　B. 推销观念
C. 市场营销观念　　D. 社会市场营销观念

7. 一种观念认为，只要企业能提高产品的质量、增加产品的功能，便会有消费者上门。这种观念是（　　）。

A. 生产观念　　B. 产品观念　　C. 推销观念　　D. 营销观念

8. 许多冰箱生产厂家近年来高举“环保”“健康”旗帜，纷纷推出无氟冰箱。它们所奉行的市场营销观念是（　　）。

A. 市场营销观念　　B. 产品观念
C. 传统市场营销观念　　D. 社会市场营销观念

三、判断题

1. 最容易导致“市场营销近视”的是生产观念。（　　）

2. 在推销观念的指导下，企业相信产品是“卖出去的”，而不是“被买去的”，其考

虑问题的出发点是消费者的需求。（ ）

3．产品观念的产生是市场营销观念发展质的飞跃和革命，它是以消费者的需求和欲望为导向的市场营销观念，是消费者主权论的体现。（ ）

4．“新营销”观念本质上也属于社会市场营销观念的范畴。（ ）

5．社会市场营销观念认为，企业管理的中心任务是积极推销和大力促销，因此企业必须通过大量的产品推广和广告活动以及推销员的说服工作来诱导消费者购买产品。（ ）

6．许多产品过剩的企业往往奉行社会市场营销观念。（ ）

7．现代市场营销观念的一个重要特征就是优先考虑企业利润。（ ）

四、名词解释

1．市场营销观念

2．社会市场营销观念

3．定制营销观念

五、简答题

1．市场营销观念的发展经历了哪些阶段？

2. 生产观念和产品观念分别有哪些弊端？

3. 市场营销观念和社会市场营销观念有什么区别和联系？

六、案例分析

材料一：某市某小区西北侧的8家养猪场存在影响周围居民生活、污染周边环境卫生的情况，附近居民对此很有意见，居民投诉不断。该市环保部门了解情况后，对小区西北侧养猪场进行了摸底调查，发现这8家养猪场共养殖约2 000头猪，其产生的恶臭已严重影响了附近居民的生活，猪的粪便严重污染了周边的环境，而养猪场污水排放对周边的生态环境也造成了很大影响。环保部门随即对这8家养猪场处以相应罚款并下达了责令搬迁通知书，要求它们必须在一个月内集中搬迁至某乡镇养殖基地，环保部门将在期限到达后再次进行检查。

材料二：龚某多年从事兽医工作，2008年，他与合伙人投资50多万元，在茶富村承包了山垄田150多亩，成立后垅养殖有限公司并建立养猪场。

“养猪场初建时，公司就投入近10万元铺设排污管，建了6个沼气池。”龚某说，“当时很多人笑话我们，说猪毛都没见到，就花了近10万元铺设排污管、建沼气池，真是出洋相。”

随着养殖规模不断扩大，环保设施建设的成本逐年增加。2013年，公司投入30多万元建起4 700 m^3的黑膜沼气池。“2014年年初猪肉价格大跌，卖一头猪净亏300多元。”龚某说。即便如此，公司仍拿出10多万元修建曝氧池、氧化塘，还购买了一台自动抽水机。2014年8月，公司投资20多万元建成的畜禽养殖场无害化处理系统投入使用。有了这套设备，病猪、死猪就能直接处理成有机肥，实现了养殖零污染。从2008年筹建养猪场到2015年，该公司在环保设施建设上的投入多达100多万元。2015年出售商品猪3 000多头，实现销售额700多万元，纯利近300万元。如今，猪每天产生的粪便通过数道工序便可处理得干干净净。

“龚总的养猪场就建在离我们村不远的山垄里，可我们村无论是空气还是水质都没被污染，养猪场反而为我们提供了不少赚钱的机会。”茶富村村民伍某说，他农闲时替公司种牧草、收牧草、打零工，每年可赚3万多元。

后来，公司所在县因环保问题共关停了16家养猪场，而后垅养殖有限公司不但没有受到影响，反而因环评达标，拿到不少生猪养殖补贴。

问题：

1. 分析材料一和材料二中的养猪场命运不同的原因。

2. 后垅养殖有限公司采用哪种市场营销观念来指导经营活动？从中你得到哪些启示？

第三节　市场营销管理

一、填空题

1. 市场营销管理的任务是为促进企业目标的实现而调节需求水平、时间和性质，其实质是________管理。

2. 对于过量需求，市场营销管理的任务是选择那些利润较小的产品、购买量不多的目标消费者作为对象限制营销，可以通过提高价格、减少________等方式使市场需求减少。

3. 市场营销组合策略一般包括产品策略、价格策略、分销策略和________策略。

4. 在市场营销计划执行过程中，为了及时发现和纠正一些小偏差，防止因它们逐渐积累而造成严重问题，企业需要通过________来保证市场营销目标的实现。

二、选择题

1. 企业市场营销管理过程的第一步是（　）。

A. 规定企业任务　　B. 确定营销组合

C. 管理营销活动　　D. 发掘和评价市场机会

2. 空调夏季热销、冬季滞销，这种需求属于（　　）。

A. 潜在需求　　B. 充分需求

C. 波动需求　　D. 过量需求

3. 绝大多数人对某种产品感到厌恶，甚至愿意出钱回避它，这种需求属于（　　）。

A. 负需求　　B. 无需求

C. 有害需求　　D. 过量需求

4. 如果市场上充斥"抵制 × 货"的行动，作为 × 货的营销管理者，其主要任务是（　　）。

A. 分析原因，针对目标消费者的需求重新设计产品、制定价格，开展更积极的促销活动，改变消费者对该产品或服务的不良印象

B. 刺激市场，加大广告宣传力度，通过有效的促销手段，把产品利益同人们的自然需求及兴趣结合起来，即创造需求

C. 改进产品质量，不断评估消费者的满足程度，适当降低产品价格

D. 改变产品特色，采用更有效的沟通方法刺激需求，或寻求新的目标市场

5. 凡士林最初是用作机器润滑油的，后经进一步研究开发被用于护肤、药品等领域，这种发掘市场机会的途径是（　　）。

A. 发掘现有市场潜力　　B. 多角化经营

C. 开发新产品　　D. 开发新市场

6. 世界性的"禁烟运动"对烟草公司构成了极大的威胁。烟草公司大力宣传在公共场所设立单独的吸烟区以应对威胁，这种市场营销管理对策是（　　）。

A. 消灭对策　　B. 限制对策　　C. 重振对策　　D. 开发对策

7. 某葡萄酒厂拟开发新市场，但调研结果表明该地的消费者不喜欢喝葡萄酒，此时该企业应采取的调节市场需求的对策是（　　）。

A. 维持对策　　B. 开发对策　　C. 扭转对策　　D. 刺激对策

8. 某面包店每次推出新产品，均会在店内相应位置张贴产品海报，并将面包切成小块由导购员引导顾客进行试吃。可见，该店深刻领悟到顾客对新推出面包的需求属于（　　）。

A. 潜在需求　　B. 无需求　　C. 波动需求　　D. 下降需求

三、判断题

1. 在无需求的状态下，市场营销管理的任务是刺激需求。（　　）

2. 在充分需求状态下，市场营销管理的任务是平衡需求。（　　）

3. 在发掘市场机会后，企业应该迅速组织好所有的资源进行市场开发。（　　）

4．市场营销年度计划控制的任务是确保企业能完成年度计划销售额、利润目标和其他目标。（　　）

四、名词解释

1．波动需求

2．潜在需求

3．市场营销组合

五、简答题

1．发掘市场机会的途径有哪些?

2．市场营销控制包括哪些内容?

3. 市场营销管理过程包括哪些内容？

4. 对于负需求和无需求这两种需求状况，市场营销管理的任务有什么不同？

六、案例分析

材料一：许多年轻的消费者都希望购买一些进口的商品，如进口零食、进口衣物等，但是由于实体店铺经营的进口商品价格都比较高，旅行去国外购买又不现实，所以这些愿望就被暂时搁浅。而淘宝网店的一些商家敏锐地发现了这一商机，开始发展进口商品代购业务，商品价格比实体店铺的低不少，邮费也十分合理，可以选择的商品种类也相当齐全，这赢得了消费者的一致好评。现在，淘宝已为商品代购业务建立了新的平台——“全球购”，“全球购”管理更加规范合理，涵盖了多个国家和地区的代购业务。

材料二：现今酸奶机的销售十分火爆，尤其在网络上，价廉物美的酸奶机销量更是位居小家电销量排行榜的前三。而5年前，大多数人还不知酸奶机为何物。究其原因是随着经济的发展，人们生活水平不断提高，健康意识也越来越强，而市面上销售的酸奶因为加入过多的糖分、添加剂、增稠剂，已经不太适应人们对健康的要求。因此，敏锐的商家瞄准商机，酸奶机应运而生。

材料三：三鹿“三聚氰胺”奶粉事件发生之后，多家知名奶制品企业如蒙牛、伊利等的奶制品中纷纷被检测出含有三聚氰胺。一时间，人们对国产奶制品充满了极度的不信任，纷纷用豆浆、果蔬汁、麦片粥来代替牛奶，国产奶制品销量大减。为了改变人们对奶制品的负面态度，各个奶制品企业纷纷采取措施，如在电视节目、各大超市中带头喝牛奶，保证产品质量，让人们放心；在奶制品价格上给予大幅度的优惠，吸引人们购买；在产品研发上积极开发新产品，吸引人们的注意力。经过一系列的努力，终于在一定程度上改变了人们对国产奶制品不信任的状况，重新获得了部分失去的市场份额。

材料四：玉米、燕麦、糙米等粗粮，在人们有能力吃上精白米面的时候渐渐淡出了人们的生活。但是近些年，随着人们健康意识的不断增强，电视节目的大力倡导以及怀旧意识的回归，人们对粗粮的消费需求又呈现出逐年增长的趋势。

材料五：价格不菲的进口锅具刚开始进入中国市场时，许多消费者只是看看新鲜，真正购买它的人并不多。商家为了打开市场，聘请专人展示锅具的使用方法，新鲜的食材、富有创意的料理、鲜美的味道加上优质的锅具，让人们感受到了烹饪也是一种艺术享受，锅具也是生活品质的象征。由此，进口锅具成功地打开了中国市场。

问题：

1. 说一说材料一至材料五中的市场需求分别属于哪种类型。
2. 材料三中，国产奶制品企业的市场营销管理对策是什么？你还有哪些好的建议？
3. 材料五中，进口锅具商家的市场营销管理对策是什么？你还有哪些好的建议？

第二章　市场营销环境分析

第一节　市场营销环境构成

一、填空题

1. 宏观环境和微观环境之间不是并列关系，而是________关系，微观环境受制于宏观环境。

2. 在分析人口环境时，通常从________、人口结构、人口地理分布、婚姻状况、出生率、死亡率、人口密度、人口流动性及人口受教育程度等因素入手。

3. 经济环境是指影响企业营销活动的________因素，包括消费者收入水平、消费者支出模式及社会经济发展等内容。

4. 社会与文化环境是指在一种社会形态下形成的价值观念、宗教信仰、道德规范以及世代相传的________等被社会所公认的各种行为规范。

5. 企业必须处理好与社会公众的关系，即维护________，遵纪守法，努力塑造并保持企业良好的信誉和公众形象。

二、选择题

1. 下列属于宏观环境构成要素的是（　　）。

A. 消费者　　B. 中间商

C. 社会与文化环境　　D. 竞争者

2. 现在有越来越多的消费者通过互联网来订购车船机票和购买产品，这要求企业在制定市场营销组合策略时应当着重考虑（　　）。

A. 人口环境　　B. 科技环境

C. 经济环境　　D. 社会与文化环境

3. 下列选项中属于社会与文化环境因素的是（　　）。

A. 储蓄与信贷　　B. 消费结构与模式

C. 价值观念　　D. 年龄、性别

4. 企业在进行经济环境分析时应着重分析的经济因素是（　　）。

A. 消费者收入水平　　B. 消费者教育状况

C. 消费者价值观念　　D. 消费者生活方式

5. 下列选项中说法正确的是（　　）。

A. 市场营销环境是企业能够控制的因素

B. 市场营销环境是对企业有利的因素

C. 市场营销环境可能为企业带来机会也可能造成威胁

D. 市场营销环境是不可了解和预测的

6. 生产家用电器的企业与房地产公司的关系是（　　）。

A. 平行竞争者　　B. 需求愿望竞争者

C. 产品品牌竞争者　　D. 产品形式竞争者

7. 在提供客运服务方面，铁路公司和航空公司的关系属于（　　）。

A. 平行竞争者　　B. 需求愿望竞争者

C. 产品品牌竞争者　　D. 产品形式竞争者

8. 下列选项中，不属于营销中介的是（　　）。

A. 中间商（批发商、代理商、零售商）

B. 物流配送公司（运输公司、仓储公司）

C. 市场营销服务机构（广告公司、咨询公司、调研机构）

D. 供应商（直接供应商、外协供应商）

三、判断题

1. 人口结构主要包括人口的年龄结构、性别结构、家庭结构、社会结构以及民族结构。（　　）

2. 企业是一种以营利为目的的经济组织，所以企业的营销管理者只需要关心经济环境而不必关心政治环境。（　　）

3. 消费者与社会公众属于市场营销的微观环境因素。（　　）

4. 供应商与竞争者属于市场营销的宏观环境因素。（　　）

5. 企业与供应商之间的关系，既是一种合作关系，也是一种竞争关系。（　　）

四、名词解释

1. 市场营销环境

2．宏观环境

3．微观环境

4．社会公众

五、简答题

1．为什么要进行市场营销环境分析？

2．市场营销宏观环境包括哪些因素？

3. 市场营销微观环境包括哪些因素？

4. 企业竞争者有哪几种？

六、案例分析

20 世纪 70 年代，肯德基公司决定进军中国香港市场，在中国香港开设了多家肯德基家乡鸡快餐店。为了成功打开市场，肯德基公司展开了声势浩大的宣传攻势，在新闻媒体上大做广告，采用该公司的世界性宣传口号"好味到舔手指"。凭着广告攻势和新鲜劲儿，肯德基家乡鸡快餐店还是红火了一阵子，可惜好景不长，3 个月后，肯德基家乡鸡快餐店就面临"门前冷落鞍马稀"的窘境了。坚持了两三年后，首批进入中国香港的肯德基家乡鸡快餐店全部关门了。

在世界各地拥有数千家连锁店的肯德基为什么唯独在中国香港遭受如此厄运呢？经过认真总结经验教训，肯德基公司发现是中国人固有的文化观念决定了肯德基本次市场开发的惨败。

肯德基家乡鸡产品采用当地鸡种，但鸡的喂养方式仍是美国式的，用鱼肉喂养出来的鸡破坏了中国鸡的特有口味。另外肯德基家乡鸡的价格对于当地消费者来说有些偏高。

在美国，消费者一般是驾车到快餐店，买了食物回家吃，因此，店内通常是不设座位的。在中国香港，肯德基公司仍然采取不设座位的服务方式，这种方式让当地消费者难以接受。

10 年后，肯德基带着对中国文化的了解卷土重来。公司大幅度调整了市场营销策略，广告宣传尽量低调，市场定价符合当地消费水平，市场定位于 16 岁至 39 岁之间的消费者。20 世纪 80 年代，肯德基家乡鸡快餐店在中国香港新老分店的总数为 716 家，占肯德基全球分店总数的十分之一。

问题：

20世纪70年代，为什么肯德基公司会在中国香港遇挫？到了20世纪80年代，该公司为什么又能取得辉煌的成绩？

第二节　分析市场营销环境的方法——SWOT分析法

一、填空题

1. 市场营销环境综合分析也称________分析。

2. 市场营销环境综合分析常采用________法。

3. 企业内部资源的优势和劣势分析实质上是对企业__________的分析，或是对企业________的分析。

4. WT策略的思路是指减少内部劣势，________外部威胁。

5. 在进行机会与威胁分析之后，需要整理、归纳对企业市场营销环境进行调查、分析和预测的结果，编写________。

二、选择题

1. 市场环境是（　　）变化的，但并不是所有的变化都会对企业产生影响。

A. 静态　　B. 动态　　C. 有规律　　D. 周期

2. 环境审视工作通常由（　　）召集和聘请的企业内外熟悉市场环境的管理人员和专家组成的分析小组进行。

A. 董事长　　B. 销售经理

C. 市场调研人员　　D. 营销管理者

3. 企业内部资源的优势是指企业相对于（　　）而言所具有的优势。

A. 商业伙伴　　B. 上下游企业

C. 竞争对手　　D. 消费者

4. 企业内部资源的劣势是指影响企业经营（　　）的不利因素和特征。

A. 效率和效果　　B. 创收　　C. 理念　　D. 规模

5. 拥有相对于竞争对手而言更先进的工艺设备，这属于（　）。

A. 企业优势　　B. 环境机会　　C. 企业机会　　D. 环境优势

三、判断题

1. 企业优势是指企业所具有的在行业中整体实力排名靠前的特征，如人力资源、技术、产品以及其他特殊实力。（　）

2. 机会为企业带来的收益大小主要取决于环境因素本身的性质。（　）

3. 市场营销环境分析报告是企业营销管理者构想营销战略方案和进行战略决策的基本依据。（　）

4. SO 策略的思路是依靠内部优势，利用外部机会。（　）

四、名词解释

1. SWOT 分析法

2. 环境审视

五、简答题

1. 市场营销环境分析报告的主要内容有哪些？

2. 通过SWOT分析能提出的常用对策有哪些？

六、案例分析

一家传统的制造企业，面对近年来互联网发展带来的冲击，眼见着竞争者纷纷开始数字化转型，且收效良好（T），而自己虽然拥有行业领先的技术（S）和因为过硬的技术而合作密切的一批客户、供应商，但由于过于传统的管理运作方式，产品生产渐渐无法满足上下游的需求（W），在进出货上有些力不从心。于是，企业决定继续增强技术优势，加深与上下游的合作（OS），同时改进现阶段的管理模式，打探同行的信息化策略（ST）、学习同行的转型经验（WT），尝试摸索适合自己的信息化模式，从而提速降本，满足上下游需求（OW）。

问题：

请将以上内容用SWOT分析图展示。

第三节　市 场 调 研

一、填空题

1. 市场调研是市场调查与市场研究的统称，是运用科学的方法，有目的、有计划地收集、整理、分析有关供求、资源的各种__________，为企业制定市场营销策略和决策提供正确依据的信息管理活动。

2. 询问法的实施方法有深度访谈、小组（焦点）座谈会、________等。

3. 市场调研有助于企业对市场变化趋势进行________，从而提前做出应变计划和安排，充分地利用市场的变化，从中谋求企业的利益。

4. 利用观察法可以观察到被调研者的真实行为特征，但是只能观察到其外部行为，无法观察到被调研者的________及态度等内在因素。

5. 一般而言，调研报告包括调研背景、调研目标、调研方法、调研数据分析和________几部分内容。

二、选择题

1. 某超市在罐头货架上安装了监视器来记录顾客视线变化过程，借以搞清顾客如何浏览各种商品。这种收集原始信息数据的方法被称为（　　）。

A. 实验法　　B. 观察法

C. 询问法　　D. 文案调研法

2. 灵活性较高，但是成本也较高的调研方法是（　　）。

A. 电话访问法　　B. 邮寄问卷法

C. 入户访问法　　D. 在线访问法

3. 文案调研主要是收集、整理和分析（　　）。

A. 真实数据　　B. 一手资料

C. 二手资料　　D. 大数据

4. 下列不是二手资料来源的是（　　）。

A. 公司原始资料　　B. 互联网搜索的资料

C. 实地调研资料　　D. 图书馆资料

5. 对不愿接受访问的对象最适宜采用的调研方法是（　　）。

A. 电话访问法　　B. 邮寄问卷法

C. 入户访问法　　D. 在线访问法

6. 市场调研的第一步是（　　）。

A. 抽样设计　　B. 数据收集

C. 设计问卷　　D. 确定问题与调研目标

7. 市场营销经理想了解顾客的态度，了解顾客如何看待他们的产品和服务、如何看待他们的竞争对手以及了解哪些客观因素对他们有利等，他需要进行（　　）。

A. 市场营销规划　　B. 市场营销组合设计

C. 市场调研　　D. 市场需求预测

8. 对于改变产品品质、变换产品包装、调整产品价格、推出新产品、变动广告形式内容、变动产品陈列等，调查测试其效果适宜采用的方法是（　　）。

A. 实验法　　B. 询问法

C. 文案调研法　　D. 观察法

三、判断题

1. 在市场营销研究中，对消费者收入水平进行调查适宜采用的方法是抽样调查而非普查。 (　　)

2. 运用实验法进行市场调研，成本较高且所需时间较长。 (　　)

3. 某零售商收集其电器销售情况的历史数据的行为属于实地调查。 (　　)

4. 在市场调研活动中，一般只有在现存的二手资料已过时、不准确、不完整甚至不可靠的情况下，才花较多的费用和时间去收集原始资料。 (　　)

5. 采用询问法调研时，如果被调研者愿意接受访问，则应抓住机会尽可能多地向被调研者了解市场的各方面信息。 (　　)

6. 数据收集必须通过调研人员来完成，调研人员的素质会影响调研结果的准确性。调研人员以大学或职业院校中数学、计算机专业的学生最为理想。 (　　)

7. 实验法常用于新产品的试销和展销。 (　　)

四、名词解释

1. 文案调研

2. 实验法

五、简答题

1. 问卷调查有哪些形式?

2. 市场调研主要有哪些作用？

3. 数据收集和数据分析过程中应注意哪些问题？

4. 市场调研工作的第一步是什么？为什么？

六、案例分析

某化妆品公司于20世纪80年代初开发出适合东方女性的、具有独特功效的系列化妆品，并在多个国家获得了专利保护权。产品推向市场前，营销部经理初步分析了亚洲各国和地区的情况，首选日本作为主攻市场。为迅速掌握日本市场的情况，公司派调研人员直赴日本，收集一手资料并进行调研。调研结果显示，日本市场需求潜量大，购买力强，且没有销售同类产品的竞争者，这使公司调研人员兴奋不已。

问题：

1. 该公司为什么要派调研人员直赴日本进行市场调研？
2. 该公司可运用的收集资料的调研方法有哪几种？它们各有什么特点？

第三章　消费者购买行为分析

第一节　消费者购买行为

一、填空题

1. ________因素是人类欲望和行为最基本的决定因素，对消费者的行为具有最广泛和深远的影响。

2. 消费者是指购买、使用各种商品或________的个人或单位。

3. 消费者购买行为深受父母、夫妻的购买角色及________的影响。

4. 根据马斯洛需要层次理论，需要可分为生理需要、安全需要、社会需要、尊重需要和________需要。

5. 影响消费者心理活动过程的主要因素有需要、________、态度、学习等。

二、选择题

1. 推动人们活动的内在驱动力是（　　）。

A. 需要　　B. 态度　　C. 学习　　D. 认知

2. 消费者对某一品牌评价较差，就会在相当长的时间内保持态度不变，并且会对该品牌的所有产品都有不好的评价。这种影响心理活动的因素是（　　）。

A. 动机　　B. 态度　　C. 知觉　　D. 学习

3. 根据马斯洛需要层次理论，下列选项中说法正确的是（　　）。

A. 尊重需要是最高层次的需要

B. 已满足的需要仍具有激励作用

C. 营销人员要不断发现消费者未被满足的需要

D. 每个人的行为动机一般是受到不同态度支配的

4. 物质文化受经济水平和（　　）水平影响。

A. 技术　　B. 生产　　C. 资源　　D. 资本

5. 除了饥、渴、性等本能驱动力支配的行为外，人类其他行为都是通过（　　）而产生的。

A．动机　　B．认知　　C．知觉　　D．学习

6．人们所遵循的利用时间和花费金钱的方式称为（　　）。

A．亚文化　　B．跨文化　　C．生活形态　　D．价值观

三、判断题

1．国外一些企业常花高价请明星使用其产品，从而带来显著的示范效应。这是利用参照群体对消费者的影响开展营销活动。（　　）

2．名称是消费者最易记住的商品标志。（　　）

3．对那些深受参照群体影响的产品和品牌，消费者必须设法去接触相关的参考意见领袖（如“网红”），设法把相关的讯息传递给他们。（　　）

4．产品形象、企业形象及其吸引力是知觉的基本条件；广告宣传、营销人员的行为则是促成消费者对商品知觉的关键因素。（　　）

5．在同一种文化的内部，也会因民族、宗教、种族、地理、职业、性别、年龄、语言、文化与教育水平等诸多因素的影响而有不同的亚文化群。（　　）

四、名词解释

1．消费者购买行为

2．需要

3．消费者态度

五、简答题

1. 影响消费者购买行为的因素有哪些？

2. 影响消费者购买行为的文化因素有哪些？

六、案例分析

近年来，“老字号”纷纷与年轻人喜爱的品牌、事物建立联系，寻求多方位合作，力求赋予品牌年轻的活力。

“七粒大白兔奶糖等于一杯牛奶”，大白兔奶糖是很多人关于童年的记忆。作为经典的老牌国货、上海名牌，大白兔品牌不仅没有淡出人们的视线，这两年更是频频有新动作。

老字号产品在怀旧营销上有着天然的优势，但单靠“旧”的力量营销显然已不符合时代要求，要想使老品牌焕发青春、可持续发展，应借助公关、广告、文化传播等现代手段，做好品牌延伸，在传承的同时自我创新，赋予其新时代的精神。

2015 年，大白兔品牌开始与其他品牌进行联名，探索跨界营销的创新模式。

2018 年 9 月，大白兔品牌与美加净联名推出“大白兔奶糖润唇膏”，第一批发售 920 支，售价为 78 元 /2 支，产品上线后 1 秒即售罄。隔日追加售卖的 1 万套两支组合装产品，3 个小时内也售罄。

2019 年 5 月，大白兔品牌与气味图书馆联名推出“香水等香氛礼包”，产品发售当天，产品销量达 9 607 件，其中，限量推出的 610 份大白兔香氛礼包，仅 3 秒即全部售罄。

2019 年 6 月，大白兔品牌与快乐柠檬联合在上海开了一家奶茶店，当天想喝上一杯奶茶，排队至少要 4 个小时。

2019 年 7 月，大白兔品牌与光明乳业联合推出大白兔奶糖风味牛奶。

不难看出，由大白兔这一IP衍生出的联名产品都十分受欢迎，大白兔品牌几次联名合作都引起了极大的关注，不管是大众还是媒体，都对这一童年记忆品牌展现出了很大的热情。

怀旧产品不仅具有能实时引爆热点的特点，如果产品营销得当，并且符合时代主流文化价值观，依然有可能成为经典。从淘宝的销量数据来看，与大白兔品牌相关的联名产品，即使产品已发布数月，其销量依旧位于同类产品销售排行榜的前列。

由此看出，对于身份、身处环境、状态不断变化的消费者来说，"怀旧"是一种很容易定期爆发的情绪，"热点"易逝，复古却是永远不会过时的潮流。

问题：

1. 大白兔品牌推出怀旧产品，运用了什么因素影响消费者的购买行为？

2. 研读案例，老字号品牌除了要运用好在消费者品牌认知中存在的天然优势之外，还要注意什么？

第二节　消费者购买决策过程

一、填空题

1. 消费者购买商品之后是否满意，这一方面取决于其所购买的商品是否同其________（理想产品）相一致，另一方面则取决于他人对其购买商品的评价。

2. 人们在购买决策过程中可能充当以下角色：发起者、影响者、________、购买者、使用者。

3. 收集信息的来源包括个人来源、商业来源、公共来源和________。

4. 在消费者进行购买方案评估的过程中，企业可以采取两种对应策略：________和适应策略。

二、选择题

1. 在购买婴幼儿奶粉过程中，一般来说，父亲扮演的角色主要是（　）。

A. 使用者　　B. 影响者　　C. 购买者　　D. 发起者

2. 人们会采取广泛选择购买行为购买的商品是（　　）。

A. 矿泉水　　B. 珠宝　　C. 汽车　　D. 牙膏

3. 对于价格低廉、经常购买、品牌差异小的商品，消费者不愿意花时间选择，也不想收集信息、评价产品特点等，此时消费者的购买行为属于（　　）。

A. 复杂购买行为　　B. 化解不协调感购买行为

C. 广泛选择购买行为　　D. 习惯性购买行为

4. 消费者购买决策过程通常为（　　）。

A. 认识需求—收集信息—方案评估—购买决策—购后行为

B. 认识需求—方案评估—收集信息—购买决策—购后行为

C. 收集信息—方案评估—认识需求—购买决策—购后行为

D. 购买决策—认识需求—方案评估—收集信息—购后行为

5. 某技术人员协助决策者确定采购设备的规格、型号等，该技术人员在此购买决策过程中所扮演的角色是（　　）。

A. 使用者　　B. 影响者　　C. 决定者　　D. 发起者

三、判断题

1. 王某经过反复思考及长时间比较选择后，决定购买一套知名楼盘的商品房，其购买行为属于习惯性购买行为。（　　）

2. 消费者购买商品以后，其购买决策过程也随之结束。（　　）

3. 参与购买决策的成员中，决定者具有一锤定音的权力，是地位最重要且在购买决策过程中起核心作用的角色。（　　）

4. 稳定的市场份额比高额的利润更为重要，企业和销售人员要认真做好消费者购后服务工作。（　　）

5. 对于广泛选择购买行为，产品营销的第一要务是加大宣传力度和广告投入。（　　）

四、名词解释

1. 广泛选择购买行为

2. 适应策略

五、简答题

1. 购买决策过程的各参与者分别发挥什么作用？

2. 消费者购买行为有哪些类型？

3. 购买决策的主要内容有哪些？

六、案例分析

近年来，随着人们收入水平的提高，旅游消费人群不断扩大，学生假期旅游已成为新时尚。王某、李某、张某是某校学生，他们平时关系甚好。在王某的建议下，他们经过与各自家长反复沟通、商议，并在家长那里获得足够的旅游资金后，决定暑期在国内跟随一家旅行社的旅游团开始他们人生中第一次无家长陪同的旅游。这种方式的旅游对他们来讲是人生第一次，由于旅游花销较大，各个旅行社知名度、服务水准差异也大，旅游产品购买风险显而易见。他们开始分头了解、收集相关旅行社的信息。经过收集广告信息、网上查询，与有经历、经验的同学交流，去学校附近的旅行社咨询等调研后，他们决定选择A旅行社推出的"国内某一大城市经典游"产品。A旅行社为改变旅游产品无法满足人们多样化、个性化需求的现状，在学生暑假期间根据学生群体的旅游需求特点，在不提高产品价格的前提下增加了产品的特色。例如，在原产品中增加郊外运动游（爬山、漂流）。在促销方面，推出有奖旅游销售，特等奖获得者可免费获得重大体育赛事门票两张（在此期间，该城市有国内足球甲A比赛）。但该旅行社产品的价格并不比其他旅行社的同类产品的高。这三名学生暑期随团旅游如期进行，旅行社按合同约定圆满提供了相应的服务。回校后李某逢人便兴致勃勃地讲述这次旅游过程中的轶事，将这次旅游总结为一个字——爽，俨然像该旅行社的一个推销员。

问题：

1. 说一说王某、李某、张某在旅游产品购买决策过程中分别扮演的角色。
2. 该购买行为属于哪种类型？为什么？
3. 描述该旅游产品购买决策过程。
4. 请对李某进行购后行为分析。

第四章 目标市场营销战略

第一节 市 场 细 分

一、填空题

1. 每一个消费者群就是一个细分市场，每一个细分市场都是由具有________倾向的消费者构成的群体。

2. 通过市场细分，企业可以对每一个细分市场的________、满足程度、竞争情况等进行分析对比，探索出有利于本企业的市场机会，及时开拓新市场，以更好地适应市场的需要。

3. 企业必须在各细分市场中选择与本企业经营优势和特色相一致的细分市场作为________。没有这一步，就没有达到市场细分的目的。

4. 由于生产者与消费者在购买动机与行为上存在差别，所以除了运用消费者市场细分变量外，还可用一些新的变量如用户规模、__________________、生产者购买方式等来细分生产者市场。

二、选择题

1. 生产者在以往与供应商合作的基础上，提出了一些新的合作条款，这种购买方式属于（　　）。

A. 直接重购　　B. 修正重购

C. 新任务购买　　D. 批量购买

2. 将洗衣机市场细分为 1 公斤、2 公斤、3 公斤、4 公斤、5 公斤、6 公斤等系列规格的市场，此时市场细分依据的标准是（　　）。

A. 地理因素　　B. 人口因素

C. 行为因素　　D. 心理因素

3. 按照消费者购买或使用某种产品的时机不同、使用者的情况及其所追求的利益不同等来细分市场所依据的标准是（　　）。

A. 地理因素　　B. 人口因素

C. 行为因素　　D. 心理因素

4. 我国不少企业在春节等传统节日开展促销活动，此时市场细分依据的标准是（　　）。

A. 人口密度　　B. 家庭人口

C. 社会阶层　　D. 使用时机

5. 消费者市场细分依据的标准不包括（　　）。

A. 地理因素　　B. 人口因素

C. 行为因素　　D. 最终用途

6. 按心理因素细分市场的依据不包括（　　）细分变量。

A. 消费者追求的利益　　B. 社会阶层

C. 生活方式　　D. 个性

7. 属于地理因素细分变量的是（　　）。

A. 国籍　　B. 收入　　C. 气候　　D. 宗教

8. 下列不属于生产者购买主要方式的是（　　）。

A. 直接重购　　B. 修正重购

C. 新任务购买　　D. 大批量购买

三、判断题

1. 对于不同的细分市场一般都采用同一种营销组合。（　　）

2. 企业对市场进行细分的依据是消费者的不同需求。（　　）

3. 在生产者市场，企业可以依据用户规模来细分市场。（　　）

4. 按照“社会阶层”这个变量来细分市场，属于按人口因素细分市场。（　　）

5. 将青少年鞋市场细分为正装鞋市场、休闲鞋市场、运动鞋市场以及表演鞋市场，这种市场细分依据的标准是使用时机。（　　）

6. 市场细分是一个比较、分类、选择的过程，应该按照一定的程序来进行，这个程序通常包括 7 个步骤。（　　）

四、名词解释

1. 市场细分

2. 市场细分变量

五、简答题

1. 为什么要进行市场细分？

2. 对于消费者市场和生产者市场，常见的市场细分标准分别有哪些？

3. 简述市场细分的步骤。

4. 评价市场细分是否有效的标准有哪些？

六、案例分析

美国天美时钟表公司最初是一个不大起眼的小公司，因此，公司极力想在美国钟表市场占有一席之地，大干一番。当时，知名的钟表公司几乎都以生产名贵手表为目标，而且主要在大百货商店、珠宝商店中销售产品。但是，美国天美时钟表公司通过市场研究发现，实际上该市场可进行划分，可把市场上的消费者分为三类：第一类消费者希望能以尽量低的价格购买能计时的手表，他们追求的是低价位的实用品，这类消费者占23%。第二类消费者希望能以较高的价格购买计时准确、更耐用或式样好的手表，他们既看重实用性，又看重美观性，这类消费者占46%。第三类消费者想购买名贵的手表，主要是把它作为礼物，这类消费者占31%。

由此该公司发现，目前市场上的产品大多是以第三类消费者为销售对象的。该公司高兴地意识到，一个潜在的充满生机的大市场即在眼前。于是该公司根据第一类、第二类消费者的需要，生产了一款叫作“天美时”的物美价廉的手表，该手表一年内保修。同时，该公司利用新的销售渠道，广泛在超级市场、廉价商店、药房等地方大力推销产品，结果很快提高了产品的市场占有率，成为世界上最大的钟表公司之一。

问题：

1. 美国天美时钟表公司将市场上的消费者分为几类？它是依据哪种标准细分市场的？

2. 这种市场细分是否有效？为什么？

第二节　目标市场选择

一、填空题

1. 波特认为有五种力量决定整个市场或其中任何一个细分市场的长期内在吸引力。这五种力量是：同行业竞争者、潜在的新加入的竞争者、____________、购买者和供应商。

2. 无差异性目标市场营销战略是把________市场作为一个大目标市场来开展营销，该战略强调消费者的共同需求，忽视差异性。

3．集中性目标市场营销战略是选择一个或几个________细分市场作为营销目标，集中企业的优势力量对某细分市场实施营销战略，以占据市场上的优势地位。

4．产品－市场集中化策略是指企业的目标市场无论从市场（消费者）角度还是从产品角度，都集中于________细分市场。

5．选择性专业化策略是指企业有选择地进入________细分市场，并向这些细分市场分别提供不同类型的产品。

6．全面覆盖策略是指企业全方位进入各细分市场，为所有细分市场提供它们所需要的________类型的产品。

二、选择题

1．某企业为专注于儿童皮鞋这一细分市场而放弃其他市场，通过不断研制新材料、开发新品种，很快就主导了儿童皮鞋市场，产品远销世界 70 多个国家和地区。该企业的目标市场选择策略属于（　　）。

A．产品－市场集中化策略　　B．产品专业化策略

C．市场专业化策略　　D．选择性专业化策略

2．某服装企业专门向不同的消费者群体销售不同类型的牛仔裤，而且不生产其他服装。该企业的目标市场选择策略属于（　　）。

A．产品－市场集中化策略　　B．产品专业化策略

C．市场专业化策略　　D．选择性专业化策略

3．饮料市场可按照口味或功能不同而细分为白酒饮料市场、葡萄酒饮料市场、果酒饮料市场、啤酒饮料市场、茶饮料市场、矿泉水市场、运动饮料市场等。某企业有目的地逐步推出不同的产品，以适应不同的饮料细分市场的需求。该企业的目标市场选择策略属于（　　）。

A．全面覆盖策略　　B．产品专业化策略

C．市场专业化策略　　D．选择性专业化策略

4．某企业专为男性消费者群体生产各种鞋类：冬季生产棉鞋、春秋季生产皮鞋、夏季生产凉鞋等。该企业的目标市场选择策略属于（　　）。

A．全面覆盖策略　　B．产品专业化策略

C．市场专业化策略　　D．选择性专业化策略

5．对于大米、食盐、钢铁等同质性产品来说，竞争主要集中在价格上，这样的产品一般适合采用的目标市场营销战略是（　　）。

A．无差异性目标市场营销战略　　B．差异性目标市场营销战略

C．集中性目标市场营销战略　　D．区域性目标市场营销战略

6. 当产品步入衰退期，为保持市场地位，延长产品生命周期，全力对付竞争者，通常考虑采用的目标市场营销战略是（　　）。

A. 无差异性目标市场营销战略　　B. 差异性目标市场营销战略

C. 集中性目标市场营销战略　　D. 区域性目标市场营销战略

三、判断题

1. 无差异性市场营销战略的理论基础是成本的经济性，它适用于大批量、多品种、高劳动强度的产品的营销。（　　）

2. 产品专业化策略意味着企业只生产一种标准化产品，只服务于某一消费者群体。（　　）

3. 集中性市场营销战略特别适合资源有限的中小企业采用。（　　）

4. 采用差异性市场营销战略，企业内部能合理分配资源，从而使企业的资源有效集中，有利于打造拳头产品。（　　）

5. 市场同质性高，意味着各细分市场相似程度高，不同消费者对同一营销方案的反应大致相同，此时企业可考虑采取差异性或集中性目标市场营销战略。（　　）

6. 市场同质性和产品同质性的含义相同。（　　）

四、名词解释

1. 目标市场选择

2. 差异性目标市场营销战略

3. 产品专业化策略

4. 市场专业化策略

五、简答题

1. 目标市场选择策略有哪几种？

2. 目标市场选择的标准有哪些？

3. 目标市场营销战略有哪些？

4. 在选择目标市场策略时应考虑哪些因素？

六、案例分析

某食品公司的副经理认为，发展专业化的保健食品店、营养食品店、精美食品店能吸引新顾客，使销售额不断增加。根据他的调查，当年65岁以上的老年人人数在本区域有

26万人，而5年后将增加到32万人。随着老年人人数的增加，保健食品的销售额将会不断提高，应该在商业中心区专门设立保健食品店，经营各种不同品种或具有特色的保健食品，这样可以吸引老年顾客，满足他们对保健食品的需要。

另一位经理不同意这种看法，他认为：老年保健食品和儿童食品相似，因此无须专门经营老年保健食品，且大多数老年人对食品的品种、质量要求并不太高，他们大多追求较简单的生活方式，对保健食品的需求不会太大，因此，没必要细分经营。

问题：

1. 两位经理对食品市场分别采取什么样的目标市场选择策略？他们的依据是什么？

2. 如果由你来选择目标市场选择策略，你会综合考虑哪些因素？

第三节 市场定位

一、填空题

1. 比附定位法是以________品牌产品为参照物来依附竞争者定位的。

2. 通过产品的附加值定位是企业通过公共关系、加强服务、提供增值回报等手段来确立企业或产品在市场中的地位，树立和强化产品和品牌形象，以给消费者带来________冲击。

3. 许多企业进行市场定位使用的方法往往不止一个，而是多个方法同时使用，以保证定位的________。

4. 按照产品类别定位是企业力图在消费者心目中造成该产品________某类产品的印象，以成为某类产品的代名词，消费者在有了某类特定需求时就会联想到该产品。

二、选择题

1. 市场定位决策是企业制定市场营销组合策略的基础。“定位”的核心思想是（　　）市场、焦点经营，树立独特形象。

A. 同化　　B. 区别　　C. 适应　　D. 创造

2. 奔驰应对宝马的新产品竞争一般会采用的市场定位策略是（　　）。

A. 创新定位策略　　B. 避强定位策略

C. 迎头定位策略　　D. 重新定位策略

3. 市场定位的关键是企业要设法找出自己产品的（　　）。

A. 竞争优势　　B. 技术特点

C. 综合实力　　D. 发展前途

4. 有的企业把小苏打作为冰箱的除臭剂，有的企业则把它作为调味汁和卤肉的配料，那么对于销售小苏打的企业来讲，适合采用的市场定位方法是（　　）。

A. 按照产品用途定位　　B. 按照产品类别定位

C. 以文化象征定位　　D. 比附定位法

5. 某公司在广告中发布“老二宣言”，通过自认“老二”而巧妙地与市场领导者建立联系，强化了消费者对其市场挑战者的印象，这种定位方法是（　　）。

A. 情景定位法　　B. 按照产品类别定位

C. 以文化象征定位　　D. 比附定位法

6. 七喜汽水宣称自己“非可乐”，从而与可口可乐和百事可乐区分开来。这种定位策略属于（　　）。

A. 创新定位策略　　B. 避强定位策略

C. 迎头定位策略　　D. 重新定位策略

三、判断题

1. 企业的市场营销组合受到企业市场定位的制约，并围绕企业市场定位而开展。（　　）

2. 不同的企业会采用不同的方式进行产品市场定位，同一个企业也可能会采用不同的方式对产品进行市场定位，市场定位往往是多维度的、多侧面的。（　　）

3. 采用迎头定位策略，可以有效地避开竞争对手。（　　）

4. 万宝路将经营的香烟产品从女性产品变为“男子汉”产品，采用的是创新定位策略。（　　）

四、名词解释

1. 市场定位

2. 迎头定位策略

3. 创新定位策略

4. 避强定位策略

五、简答题

1. 简述市场定位的作用及方法。

2. 简述创新定位策略的优缺点。

3. 简述市场定位的步骤。

六、案例分析

近年来，在国内化妆品市场竞争激烈的情况下，大宝品牌不仅没有被击垮，而且逐渐发展壮大。在国内化妆品市场中，大宝品牌选择了普通工薪阶层作为销售对象。既然是面向工薪阶层，销售的产品就一定要与他们的消费习惯相适应。一般来说，工薪阶层的收入不高，很少选择价格较高的化妆品，而他们对产品的质量也很看重，并且喜欢固定使用一种品牌的产品。因此，大宝品牌在注重质量的同时，坚持按普通工薪阶层能接受的价格为产品定价。大宝品牌的主打产品“大宝 SOD 蜜”市场零售价不超过 10 元，日霜和晚霜市场零售价也才 20 元。大宝品牌产品的价格同市场上同类化妆品的价格相比有很大优势，其本身质量也不错，再加上人们对本土品牌的信任，大宝品牌很快争得了顾客。许多顾客不但自己使用，也带动家庭其他成员共同使用。根据市场调研结果，使用大宝品牌护肤品的消费者年龄多在 35 岁以上，这类消费者群体心智成熟，接受一种品牌产品后一般很少更换品牌。这类消费者群体向别人推荐产品，更具有可信度，而化妆品的口碑好坏对销售起着重要作用。大宝品牌正是靠着走群众路线获得了市场。

在广告宣传上，大宝品牌曾经选用体育明星、影视明星担任广告代言人，但效果不是很好。后来大宝品牌摒弃了化妆品广告采用美女或明星担任代言人的传统，选用了戏剧演员、教师、工人、摄影师等实实在在的普通工薪阶层的人担任广告代言人，让他们向人们讲述生活和工作中所遇到的烦恼以及使用大宝护肤品的感受，广告的诉求点是工薪阶层期望解决的问题。于是，“大宝挺好的”“要想皮肤好，早晚用大宝”“大宝明天见，大宝天天见”等广告语被深深植入老百姓的心中。

问题：

1. 结合案例，谈谈大宝品牌取得成功的原因。
2. 大宝品牌采用了哪种市场定位方法？
3. 大宝品牌为什么要选用普通工薪阶层的人担任广告代言人？

第五章　产品策略

第一节　产　品

一、填空题

1．营销人员必须将核心产品利益转化为基础产品，即________的产品。

2．消费者购买产品时通常希望得到有默认属性或条件的产品，这就需要营销人员为消费者准备一个________产品，即额外服务和利益。

3．按照产品用途不同进行分类，工业品可分为材料和部件、资本项目和________三个类别。

4．品牌使用者决策是指企业决定使用制造商还是________的品牌，或两种品牌同时使用。

5．品牌扩展决策包括向上扩展策略、向下扩展策略和________策略三种模式。

6．品牌名称决策包括个别品牌策略、________、分类品牌策略和复合品牌策略四种模式。

二、选择题

1．下列说法中正确的是（　　）。

A．产品是指有形的物品

B．产品是指无形的服务

C．产品是指思想

D．产品是指能满足人们需要和欲望的任何事物

2．在产品整体概念中，产品最基本、最主要的部分是（　　）。

A．核心产品　　B．基础产品　　C．附加产品　　D．品牌

3．食盐、洗衣粉属于消费品类别中的（　　）。

A．便利品　　B．选购品　　C．特殊品　　D．非渴求品

4．决定是否给产品起名字、设计标志的活动称为（　　）。

A．品牌扩展决策　　B．品牌使用者决策

C．品牌名称决策　　　　　　　　　　　D．品牌化决策

5．下列选项中，不属于附加产品的是（　　）。

A．使用指导　　　　B．维修　　　　C．送货　　　　D．设计

6．有助于节约设计和印刷成本，树立企业形象，有利于新产品推销是（　　）策略的优点。

A．组合包装　　　　B．系列包装　　　　C．差异包装　　　　D．分组包装

三、判断题

1．产品可以被竞争者仿制，品牌却是独一无二的。（　　）

2．免费送货属于附加产品。（　　）

3．宝洁公司在中国市场仅洗发液就有“飘柔”“潘婷”“海飞丝”三个品牌，宝洁公司采用的品牌策略属于多品牌策略。（　　）

4．在制造商具有良好的市场声誉，拥有较大市场份额的条件下，应多使用经销商品牌。（　　）

5．看到驾驶宝马汽车的人，人们就会联想到此人是个有钱人，这体现了品牌的属性内涵。（　　）

6．为产品设计好包装，可增加产品价值。（　　）

四、名词解释

1．产品整体

2．核心产品

3．品牌

4．品牌策略

五、简答题

1．产品包括哪几个层次？每个层次的含义是什么？

2．按照用途不同分类，消费品可分为哪些类别？各举一例说明。

3．品牌能够表达出哪些内涵？

4．包装有哪些作用？常见的包装策略有哪些？

六、案例分析

欧莱雅集团的产品行销全球150个国家，共有500多个品牌，每个品牌产品都瞄准一个市场，各品牌产品的市场之间少有交叉，如果一个品牌推广失败，也不会对其他品牌造成影响，这极大地降低了集团经营的风险。同时，大力进行产品研发、不断推陈出新，也是欧莱雅集团吸引消费者的法宝。

在实施品牌策略的时候，欧莱雅集团对各个品牌之间实施严格的市场区隔，并协同对外。欧莱雅集团在中国的迅速成功，也得益于这种经营模式。欧莱雅集团从来没有放过中国每一个阶层的消费者，在高档的商店里，欧莱雅集团出售像兰蔻、赫莲娜、碧欧泉这样的高端产品；在中端产品方面，它拥有巴黎欧莱雅系列产品及只在药房中出售的薇姿、理肤泉品牌产品，还有仅在专业发廊中出售的卡诗和欧莱雅护发系列产品；在大众化消费品方面，它拥有美宝莲、卡尼尔等价格定位在几十元的大众品牌产品。在人口众多的中国市场，想要争取更多的利益，就要争取更大的消费群体的支持，因为抓住大众消费市场就等于抓住了主要的经济命脉。

问题：

1. 按照产品用途进行分类，化妆品属于哪种类别的产品？
2. 结合案例，分析欧莱雅集团取得成功的原因。
3. 欧莱雅集团采用的是哪种品牌策略？采用这种策略有何利弊？

第二节　产品生命周期

一、填空题

1. 在产品的________期，销售额开始迅速增长。

2. 三星公司每次推出高端新品手机时，都在宣传上下足功夫，并为新手机制定较高的价格，这种市场营销策略属于________策略。

3. 在产品成长期，企业面临选择高市场占有份额还是选择当前高利润的难题。一般来说，实施市场扩张策略会减少当前的利润，但会提高企业的市场地位和竞争能力，有利于维持和提高企业________，从长计议，更有利于企业发展。

4. 在产品成熟期，营销者的工作重点是捍卫市场份额和已有的市场地位，实行________________措施，渡过大浪淘沙般的品牌整合难关。

5. 星巴克咖啡的成功不在于咖啡本身的销售量的增长，而在于成功地营销了聚会和体验的场所。这属于在产品成熟期运用__________策略，即调整营销组合的有关因素，使产品更符合消费者的需求。

6. 在产品衰退期，营销者可以采取维持策略、转移策略、________策略、放弃策略和主动进攻策略。

二、选择题

1. 企业现金流情况最好、最赚钱的时候，产品通常处于生命周期的（　　）。

A. 导入期　B. 成长期　C. 投资期　D. 成熟期

2. 在产品导入期采取的高促销低利润策略属于（　　）。

A. 快速撇脂策略　B. 快速渗透策略

C. 缓慢撇脂策略　D. 缓慢渗透策略

3. 市场中竞争者数量最多时，产品处于生命周期的（　　）。

A. 导入期　B. 成长期　C. 成熟期　D. 衰退期

4. 市场容量大，消费者熟悉产品，但对价格反应敏感，同时市场中存在潜在竞争者，此时宜采取的市场营销策略是（　　）。

A. 快速撇脂策略　B. 快速渗透策略

C. 缓慢撇脂策略　D. 缓慢渗透策略

5. 一般来说，企业利润达到最高水平时，产品处于生命周期的（　　）。

A. 导入期　B. 成长期　C. 成熟期　D. 衰退期

6. 在产品成熟期，宜采取的市场营销策略不包括（　　）。

A. 市场改进策略　B. 产品改进策略

C. 营销组合改进策略　D. 榨取策略

三、判断题

1. 当产品进入衰退期，要尽快收缩、放弃市场。（　　）

2. 在产品成熟期，企业利润一般为负值。（　　）

3. 产品生命周期是指产品从开始使用到报废所经历的全部时间。（　　）

4. 不同产品生命周期的曲线形状是有差异的，有的产品可能一开始进入市场就快速进

入成长期，有的产品可能越过成长期而直接进入成熟期。（　）

5. 电子企业的新产品上市，往往采取缓慢渗透策略去占领市场。（　）

6. 所有品牌或产品最终都要进入衰退期，换句话说，没有“长生不老”的品牌或产品。（　）

四、名词解释

1. 产品生命周期

2. 缓慢撇脂策略

3. 快速渗透策略

4. 市场改进策略

五、简答题

1. 产品生命周期一般包括哪些阶段？分别在哪个阶段利润最大和最小？

2. 在产品导入期，市场营销工作要点是什么？

3. 在产品成长期适宜采取的市场营销策略是什么？

六、案例分析

20世纪80年代，广东某电子企业在同行业中享有较高的知名度，产品畅销全国，年金属膜电阻销售额近5 000万元。该企业产品完全按照国际标准生产，质量可靠，被当时的电子工业部门评为部级优质产品，商标被评为著名商标。

20世纪90年代，市场情况发生了变化。该企业生产的金属膜电阻因受到竞争企业带来的强烈冲击，产品销售额一路下滑。该时期金属膜电阻的销售量增加缓慢，产品的利润开始下降，在生产上市场竞争非常激烈，各种品牌、各种款式的同类产品不断出现。

为了适应市场变化，该企业对其产品生产线逐步进行了技术改进，通过生产线的改进来降低生产成本，应对市场上的激烈竞争。

同时为了提高产品毛利率，改进企业利润结构，该企业从国外引进了先进的实芯电阻生产设备。实芯电阻生产的技术含量比较高，生产工艺要求也非常高。由于国内具备类似生产条件的企业只有两家，实芯电阻在市场上供不应求。

为了能够快速建立知名度，占领市场，尽快收回投资成本，该企业实芯电阻上市时的价格远高于以往产品价格，同时该企业在专业刊物、报纸上大量发布广告，大量招聘推销员四处奔波开拓业务，这些措施使得该企业迅速成为市场领先者。

进入21世纪后，实芯电阻逐渐取代了金属膜电阻的市场地位，消费者对产品逐渐熟悉，消费习惯也已经养成，因此该企业的产品销售量迅速增加。随着产品销售量的增加，该企业的规模不断扩大，产品的成本也不断降低。但令企业头痛的事情也出现了，市场上不断出现竞争者，该企业的决策者又开始为企业的进一步发展寻找新的市场营销策略。

问题：

1. 金属膜电阻在 20 世纪 90 年代进入了产品生命周期的哪个阶段？

2. 对于金属膜电阻在 20 世纪 90 年代面临的市场状况，企业可以采取哪些市场营销策略？

3. 该企业在推出实芯电阻时所采取的市场营销策略属于哪种策略？除了这种策略外，在产品导入期还有哪些策略可供企业选择？

4. 实芯电阻在 21 世纪初进入了产品生命周期的哪个阶段？

5. 面对 21 世纪初实芯电阻的市场状况，你认为企业可采取的市场营销策略有哪些？

第三节 产品组合

一、填空题

1. 采取缩减产品组合策略的原因是产品项目进入了________期，市场寿命无法延长，或延长没有意义。

2. 产品组合的宽度也称________。

3. 产品组合的________是指某企业产品组合中各产品线上产品项目的总数。

4. 在多数消费品行业，消费者对所购产品的质量及技术情况了解甚多，许多产品又是标准化的，因此企业可以通过在________方面形成差异来争夺消费者。

5. 如果产品组合宽度、深度和长度适宜，但产品生产方式落后或者产品跟不上时代发展的潮流，就会影响企业的生产效率和市场营销效率，此时就必须实施________策略。

二、选择题

1. 如果奔驰公司在汽车产品线中增加一款中档车，这种产品组合策略属于（　）。

A. 向下延伸策略　　B. 向上延伸策略

C. 双向延伸策略　　D. 平行延伸策略

2. 某家用电器公司的产品组合如下表所示，该公司产品线的数量为（　　）。

	电视机	洗衣机	冰箱	空调
产品组合	26 寸彩电 32 寸彩电 37 寸彩电 42 寸彩电 47 寸彩电 52 寸彩电	波轮洗衣机 滚筒洗衣机 带烘干洗衣机	单门冰箱 双门冰箱 三门冰箱 四门冰箱 双开门冰箱	壁挂空调 柜式空调

A. 3　　B. 4　　C. 5　　D. 6

3. 企业对经营多少个产品项目所做出的决策属于产品组合的（　　）。

A. 宽度决策　　B. 长度决策

C. 深度决策　　D. 关联性决策

4. 拓展产品组合的宽度和增加产品组合的深度属于（　　）。

A. 扩大产品组合策略　　B. 缩减产品组合策略

C. 产品线延伸策略　　D. 产品线现代化策略

5. 若企业各个产品系列之间在生产技术、分销渠道及目标消费者等方面具有一致性，则称产品组合（　　）。

A. 比较深　　B. 比较宽　　C. 很广　　D. 关联性强

6. 以某种方式改变那些基本相同的产品，以使消费者相信这些产品之间存在差异而产生不同的偏好。这种产品组合策略属于（　　）。

A. 产品线延伸策略　　B. 产品差异化策略

C. 产品线现代化策略　　D. 多品牌策略

7. 宝马公司最初进入中国汽车市场时仅提供高档豪华产品，随着中国市场主流消费观的变化，宝马公司逐步进入中档车市场，宝马 1 系即其中档车的代表产品。这种产品组合策略属于（　　）。

A. 产品项目向下延伸策略　　B. 产品项目向上延伸策略

C. 产品项目双向延伸策略　　D. 产品差异化策略

三、判断题

1. 某企业原来生产高档产品，如果后来增加生产低档产品，那就有可能使高档产品的形象受到损害。（　　）

2. 产品延伸只能向上，不能向下。（　　）

3. 采取快速现代化策略可以节省资金，但容易被竞争者察觉。（　　）

4. 对于汽车、手机等产品，采取产品差异化策略最可靠有效的途径是在促销方面形成差异。（　　）

5. 大型商场产品组合深度大，小型商场产品组合深度小。（　　）

四、名词解释

1. 产品组合

2. 产品线

3. 产品项目

4. 产品线延伸策略

五、简答题

1. 什么是产品组合的宽度、长度、深度和相关性？

2. 扩大产品组合策略的实施方法有哪些？它们分别有什么作用？

3. 产品线延伸策略有哪些？企业采取这些策略的原因分别是什么？

4. 简述产品差异化策略的实施方法。

六、案例分析

AN公司是一家国际知名的汽车生产厂商，在刚进入中国汽车市场的时候，该公司走的是中高端路线，将公司比较成熟的W型轿车引入中国市场，形成了价格从20万元至40万元呈梯级排列的中高档轿车系列产品组合，该公司在中国市场上收获颇丰。

AN公司的成功引来了众多国际知名汽车厂商对中国中高档轿车市场的追逐，随着市场竞争的加剧，W型轿车的市场占有率受到很大影响。

为了寻求突破，AN公司把目光转向了经济型轿车市场，决定以W型轿车的成功为基础，将产品线向低端市场延伸。公司瞄准中国10万元轿车这块细分市场，把公司的E型轿车引入中国市场。在E型轿车还没有正式推出之前，AN公司就借用新闻和公关的力量把E型轿车“10万元家庭轿车”的概念炒得深入人心。除了投放电视、报纸、杂志广告外，还请来中国人气较旺的歌手为新车的上市专门创作了歌曲。在售后服务方面，公司承诺担当车主的义务汽车保养顾问，将汽车售后服务从传统的被动式维修服务时代带进主动关怀的新时代。这些举措使消费者对这款未曾谋面的轿车充满了期待。

不出所料，E型轿车上市仅三个月就售出8万辆，AN公司再次大获成功。

问题：

1. 随着市场竞争的加剧，AN公司采取了什么样的产品线延伸策略？该公司为什么采取这种策略？

2. 产品线延伸策略能给AN公司带来哪些好处？又会带来哪些风险？

3. AN公司在实施产品差异化策略时采取了哪些方法？这些方法是否有效？

第六章 价格策略

第一节 价格制定

一、填空题

1. 企业的定价目标通常包括扩展目标、销售目标、________目标、竞争目标和社会目标等。

2. 产品________是企业定价的基础，也是价格的底线。

3. 企业选定最终价格时，必须考虑________对选定价格的反应。

4. 刺激定价策略包括拍卖式定价策略、________式定价策略、抢购式定价策略、持续回报式定价策略及会员积分式定价策略等。

5. 产品组合定价策略包括产品线定价策略、可选产品定价策略、附加产品定价策略、两部分定价策略、副产品定价策略及产品________定价策略等。

6. 心理定价策略主要包括整数定价策略、________定价策略、声望定价策略、习惯定价策略、吉利数字定价策略、招徕定价策略、化整为零定价策略及系列定价策略等。

二、选择题

1. 当产品市场需求富有弹性且生产成本和经营费用随着生产经营经验的增加而下降时，企业可采取的定价策略是（　　）。

A. 渗透定价策略　　B. 撇脂定价策略

C. 尾数定价策略　　D. 招徕定价策略

2. 某商场规定，顾客一次性购买产品满 200 元，可给予 10% 的折扣，这种折扣属于（　　）。

A. 数量折扣　　B. 现金折扣　　C. 季节折扣　　D. 贸易折扣

3. 当企业的客户相当分散时，比较适合采取的定价策略是（　　）。

A. 原产地定价策略　　B. 分区定价策略

C. 统一交货定价策略　　D. 以上策略都可以

4. 某海边宾馆同一幢楼的同类型房间，因朝向不同而价格不同，这种定价策略实施的基础是（　　）。

A．产品部位不同　　B．销售时间不同

C．顾客不同　　D．产品形式不同

5．零售商利用部分消费者求便宜的心理，特意将某几种商品的价格定得较低以吸引消费者。这种定价策略属于（　　）。

A．声望定价策略　　B．尾数定价策略

C．招徕定价策略　　D．整数定价策略

6．中国服装设计师李某设计的女士服装以典雅、高贵享誉中外。在国际市场上，该品牌每件中式旗袍售价高达1 000美元。这种定价策略属于（　　）。

A．声望定价策略　　B．基点定价策略

C．招徕定价策略　　D．心理定价策略

7．某打印机制造商将打印机的价格定得远低于市场同类产品价格，而将墨盒的价格定得高于市场同类产品价格。这种定价策略属于（　　）。

A．两部分定价策略　　B．产品捆绑定价策略

C．附加产品定价策略　　D．副产品定价策略

三、判断题

1．产品的最高价格取决于产品的成本。（　　）

2．生活必需品的需求价格弹性较大。（　　）

3．随行就市定价策略是异质产品市场惯用的定价策略。（　　）

4．企业把它的创新产品的价格定得相对较低，以吸引大量消费者，提高市场占有率。这种定价策略属于招徕定价策略。（　　）

5．电信公司在一天中的不同时间执行不同的通话资费标准，这种定价策略属于折扣定价策略。（　　）

6．某汽车制造商给予全国各地的地区销售代理商额外折扣，以促使它们发挥销售、零配件供应、维修和信息提供的功能。这种定价策略属于现金折扣策略。（　　）

四、名词解释

1．总成本加成定价法

2. 随行就市定价法

3. 需求差异定价法

4. FOB 原产地定价策略

五、简答题

1. 成本导向定价法包括哪些具体方法?

2. 竞争导向定价法包括哪些具体方法?

3. 需求导向定价法包括哪些具体方法？

4. 地区定价策略包括哪些形式？每种形式有何优缺点？

六、案例分析

A 珠宝店位于游客众多、风景秀丽的深圳华侨城（周围有世界之窗、民族文化村、欢乐谷等），专门经营少数民族手工珠宝首饰。客户主要有两类人：游客和华侨城社区（高档社区，居民生活水平较高）居民。珠宝店生意一直比较稳定。

几个月前，珠宝店店主易老板进了一批由珍珠、宝石和银制成的首饰，包括手镯、耳环和项链等。这批首饰进价比较合理，且式样独特、别致。

易老板对这批首饰十分满意，也认定它们比较好销售。在进价的基础上，加上其他相关的费用和平均水平的利润，他为这些首饰定了一个价格，他觉得这个价格肯定会让顾客觉得物超所值。

但是，这些首饰在店中摆了一个月之后，销售统计报表显示其销售状况很不好，易老板十分失望，他认为问题原因并不在首饰本身，而是营销的某个环节没有做好。于是，他决定尝试实施学到的几种营销策略。例如，令店中某种商品的位置有形化往往可使顾客产生更浓厚的兴趣。因此，他把这些首饰装入玻璃展示箱，并将其摆放在该店入口的右手边。可是，他发现商品位置改变之后，这些首饰的销售情况仍然没有什么起色。

后来，易老板又想了很多方法，可是也没有好的效果。易老板对这批首饰销售情况感到十分失望，他急于减少库存以便给更新的首饰腾出地方。他决心采取一项重大行动，选择将这一批首饰以半价出售。他告诉副经理：“调整一下那些首饰的价格，所有都乘 1/2。”

很快，这批首饰销售一空。“我真不明白，这是为什么。”他对副经理说，“看来这批首饰并不合顾客的胃口。下次我在新添首饰的时候一定要慎之又慎。”而副经理却对易老板说，她虽然不懂为什么要对滞销商品进行提价，但她惊诧于提价后商品出售速度惊人。易老板不解地问："什么提价？我说的是价格减半啊。""减半？"副经理吃惊地问，"我以为要按双倍价格售卖。"原来，副经理是将价格增加了一倍而不是减半。

问题：

1. 说一说为什么首饰以原价 2 倍的价格出售反而卖得更快。

2. 易老板本来想采取哪种定价策略？副经理实际采取了哪种定价策略？

3. 你认为哪些商品销售适合采取副经理实施的定价策略？

第二节　价 格 调 整

一、填空题

1. 竞争者对调价的反应有相向式反应、逆向式反应、＿＿＿＿＿＿反应等。

2. 在＿＿＿＿市场，消费者对较小价格差额不敏感或无反应，此时企业可灵活应对竞争者价格调整。

3. 间接降价有一定的隐蔽性，可以暂时避免因刺激＿＿＿＿而导致的全方位的降价竞销。

4. 对于大多数企业来说，主要有两种提价策略：试探性提价策略和＿＿＿＿策略。

5. 提价有明涨和＿＿＿＿两种方式。

二、选择题

1. 一般情况下，企业将产品降价销售，此时产品处于生命周期的（　　）。

A．导入期　　B．成长期

C．成熟期前期　　D．成熟期后期及衰退期

2. 在某市场中，竞争者降价，企业立刻随之降价，该市场属于（　　）。

A．同质市场　　B．异质市场

C．差异市场　　D．集中市场

3. 产品降价促销时，企业要遵守的原则是（　　）。

A. 降价幅度要过半　　　　　　B. 降价促销需要理由

C. 降价幅度要小　　　　　　D. 降价次数要多

4. 产品提价后消费者必然会产生抵触情绪，甚至其忠诚度会降低，进而会产生（　　）现象。

A. 品牌打折　　　　　　B. 品牌美化

C. 品牌转移　　　　　　D. 品牌忠诚

5. 企业的产品基本可以分为形象产品、走量产品、利润产品、阻击产品，在受到竞争品干扰时，一般情况下，企业要保证（　　）的市场安全。

A. 走量产品和利润产品　　　　　　B. 形象产品和利润产品

C. 走量产品和阻击产品　　　　　　D. 形象产品和阻击产品

6. 直接降价策略与间接降价策略应灵活运用，下列属于运用直接降价策略的是（　　）。

A. 采用各种折扣形式

B. 将企业产品的目录价格或标价降低

C. 允许消费者分期付款或赊销

D. 免费或优惠提供送货上门、技术培训、维修咨询服务

三、判断题

1. 需求弹性小的产品只要有较小幅度的降价就可以使产品销量大增。（　　）

2. 产品降价要尽量小幅多次。（　　）

3. 间接降价策略在现代经营活动中运用越来越广泛。（　　）

4. 企业为产品降价时，一定要明码标价。（　　）

5. 当产品各项成本上升时，企业就应该实施相应的提价策略以维持正常的利润。（　　）

6. 企业对产品进行降价，必然会带来利润的减少。（　　）

四、名词解释

1. 相向式反应

2. 试探性提价策略

3. 跟随性提价策略

4. 逆向式反应

五、简答题

1. 在哪些情况下企业应考虑为产品降价？

2. 在哪些情况下企业应考虑为产品提价？

3. 提价技巧有哪些?

4. 企业为产品降价时，可运用哪些策略?

六、案例分析

M公司在中国啤酒市场中属于营销出色的公司，它所生产的B纯生啤酒在啤酒市场占有率达32%。2012年，另一家公司推出一种新型纯生啤酒，其质量不比B纯生啤酒差，每瓶价格却比B纯生啤酒低1元。

按照惯例，M公司有三条对策可选：

1. 降价1元，以保证市场占有率；
2. 维持原价，通过增加广告和推销投入来与竞争对手争夺市场；
3. 维持原价，接受产品市场占有率下降。

由此看出，不论M公司采取上述哪种策略，M公司似乎输定了。

但是，M公司的市场营销人员经过深思熟虑后却采取了竞争对手意想不到的第四种策略，就是将B纯生啤酒的价格提高1元，同时推出一种与竞争对手新型纯生啤酒价格一样的C型纯生啤酒和另一种价格更低的D型纯生啤酒。

这一策略一方面提高了B纯生啤酒的地位，同时使竞争对手的新产品沦为一种普通的产品。结果，M公司不仅渡过了难关，而且利润大增。

问题：

1. 结合案例，谈谈产品调价需要考虑哪些因素。
2. M公司在竞争中为什么会实现利润大增?
3. M公司采用的是什么样的调价技巧?

第七章 渠道策略

第一节 分销渠道设计

一、填空题

1. ________通过为生产企业代理销售产品获得佣金，并不享有产品的所有权，产品所有权仍然属于生产企业所有。

2. 分销渠道的功能主要有研究功能、促销功能、接洽功能、服务功能、谈判功能、____________、融资功能和风险共担功能等。

3. 在确定渠道的宽度时，主要考虑产品性质、市场特征、________以及企业分销战略等因素。

4. 影响渠道设计的因素主要包括产品因素、市场因素、__________、竞争因素、自身因素、消费者因素及环境因素等。

5. 评估渠道结构方案的常用指标有经济性、__________和适应性三方面的标准。

6. 一个渠道结构方案包括三方面的内容，即渠道的长度、宽度和________。

二、选择题

1. 前店后厂式的面包店采用的分销渠道是（　　）。

A. 零级渠道　　B. 一级渠道　　C. 二级渠道　　D. 三级渠道

2. 评估渠道常用的标准不包括（　　）。

A. 经济性　　B. 可控性　　C. 适应性　　D. 方便性

3. 洗衣粉销售宜采用的分销渠道是（　　）。

A. 直销渠道　　B. 密集型分销渠道

C. 选择型分销渠道　　D. 独家分销渠道

4. 体积过大或过重的产品应尽量选择（　　）。

A. 短渠道　　B. 长渠道　　C. 宽渠道　　D. 复杂渠道

5. 评估企业渠道结构方案最重要的指标是（　　）。

A. 经济性　　B. 控制性　　C. 适应性　　D. 稳定性

6. 财务薄弱的企业，一般都采用（　　）分销方法。

A. 佣金制　　B. 销售代理商

C. 商品经纪人　　D. 采购代理商

三、判断题

1. 在实践中，一般很少有超过三级的分销渠道。（　　）
2. 通常渠道越长，产品最终销售价格越低。（　　）
3. 同一层次或环节使用的中间商越多，渠道就越宽。（　　）
4. 许多贵重产品生产企业多选择独家分销的模式，以便于管理和控制渠道。（　　）
5. 一般而言，产品单价越低，分销渠道层级越多，分销渠道越长。（　　）
6. 产品定位高端，分销渠道结构宜简单、宜短，以便控制渠道。（　　）
7. 当经济萧条时，应采用长渠道。（　　）
8. 生产企业想要控制分销渠道，就要加强销售力量，直接销售产品，宜采用较短的分销渠道。（　　）

四、名词解释

1. 分销渠道

2. 零级渠道

3. 分销渠道设计

4. 独家分销渠道

五、简答题

1. 产品的哪些特征会对分销渠道设计产生影响？

2. 哪些市场因素会影响分销渠道设计？

3. 分销渠道设计包括哪些步骤？

4. 影响渠道服务产出水平的因素有哪些？

六、案例分析

2004 年年初，东芝公司终于下定决心，将 9 年来与自己“心心相印”的唯一总代理商神州数码（原联想科技）放在一边，把新推出的两款迅驰笔记本电脑委托给了两个新的总代理商：翰林汇和佳杰科技。

准确地说，神州数码和东芝公司之间并没有太多“恨”，更没有“仇”，倒是“情”很深。1995 年，联想科技（后神州数码）成为东芝笔记本电脑在国内的唯一总代理商，双方长达 9 年的合作从此开始了。合作开始时，东芝笔记本电脑在中国的市场占有率从不到 1% 升至 8%，排名从第九一举跃入前三名。1997 年，东芝笔记本电脑市场占有率更是跃居中国笔记本电脑市场第一，直到 2000 年才被联想超越。9 年来，东芝笔记本电脑在中国市场取得了巨大的成功。尽管当时东芝公司在全球市场也傲视群雄，但东芝公司在中国市场上取得的成功与神州数码的贡献密不可分。同时，神州数码的快速发展，也与其成为东芝的唯一总代理商有直接关系，在这些年里，该公司最主要利润来源就是代理销售东芝笔记本电脑的业务。但是，神州数码发展起来以后，“店大欺客”的现象经常出现，不少经销商颇有怨言。神州数码的“一言堂”严重影响了东芝公司的进一步发展。2000 年后，东芝笔记本电脑在中国市场的占有率开始逐渐下降。

在中国笔记本电脑市场上，采用独家代理制的公司也只有东芝，IBM、惠普等公司都采用多家代理制。采取独家代理制一般应具备几个条件：产品专业性非常高，用户相对集中；产品处于导入期，需要对用户进行引导才能拉动市场需求；生产企业在当地处于发展初期，实力较弱。进入 2003 年后，以上这些条件基本上都已不复存在了，因此，东芝公司改变渠道策略也是必然的。同时，随着移动办公应用需求的快速增长，笔记本电脑在整体电脑市场的占比将快速提高。东芝公司也意识到市场态势的这一变化，转变渠道策略势在必行。

问题：

1. 东芝公司在 2004 年前采用的是哪种分销渠道？
2. 东芝公司为什么要转变渠道策略？
3. 独家代理制在什么情况下采用效果最好？
4. 你认为东芝公司在 2004 年后应该采用哪种分销渠道？
5. 结合案例，谈谈你对分销渠道可控制性指标的认识。

第二节　分销渠道管理

一、填空题

1. __________是指生产企业对中间商最直接的激励方式。

2. 分销渠道冲突的解决办法有目标管理、劝说、__________、仲裁或诉讼、撤销或退出等。

3. 窜货可分为恶性窜货、____________及良性窜货三种类型。

4. 随着电子和通信技术的进步，互联网、________技术等为窜货预防和发现提供了更有效的手段。

5. 越是接近____________的中间商对价差的要求越高。

二、选择题

1. 下列选项中，不能对渠道成员进行精神激励的是（　　）。

A. 折扣　　B. 竞赛　　C. 经验介绍　　D. 决策参与

2. 会给企业造成巨大危害的窜货类型是（　　）。

A. 自然窜货　　B. 恶性窜货　　C. 良性窜货　　D. 中性窜货

3. 为做好窜货控制，企业不宜采用的返利方式是（　　）。

A. 给予赠品　　B. 物品奖励　　C. 精神奖励　　D. 价格让利

4. 同一渠道模式中，同一层次中间商之间的冲突属于（　　）。

A. 垂直渠道冲突　　B. 水平渠道冲突

C. 多渠道冲突　　D. 交叉渠道冲突

5. 渠道激励的方式不包括（　　）。

A. 目标激励　　B. 渠道奖励　　C. 工作设计　　D. 渠道变革

三、判断题

1. 渠道成员之间是纯粹的利益竞争关系。（　　）

2. 企业在选择分销渠道时，必须在分销协议中明确规定中间商的销售区域，并严格执行。（　　）

3. 分销渠道冲突是有害无益的，企业必须严格控制。（　　）

4. 任何类型的窜货危害性都较大，生产企业必须“严防死守”。（ ）

5. 自然性窜货在市场上是很难完全避免的，只要有市场的分割就会有此类窜货发生。（ ）

四、名词解释

1. 渠道激励

2. 垂直渠道冲突

3. 窜货

五、简答题

1. 如何科学地甄选中间商？

2. 渠道控制主要包括哪些内容？

3. 引起分销渠道冲突的原因有哪些？

4. 如何有效控制窜货？

六、案例分析

宝洁公司第一个在中国市场上建立了完整意义上的市场分销体系。

在经销商的选择上，最初宝洁公司在一个地区通常会选两个经销商。因为两个经销商之间会产生竞争，这样一来它们在服务终端客户时就会表现得更好。同时两个经销商之间又不致出现过度竞争，导致终端混乱。

为了鼓励经销商早付款，宝洁公司出台了一项政策：7 日之内付款，就可以得到 3 个点的优惠；超过 30 日未付款，将被取消经销宝洁公司产品的资格。3 个点的优惠比银行的贷款利率还要高，这就使得许多经销商宁愿自己贷款都要提前付款。这项政策实施主要是针对当时市场上大量存在的因拖延付款而形成三角债的现象，效果非常突出。

为了提高经销效率，宝洁公司建立了一套叫作经销商生意系统的网络信息交易平台。由于当时的客观条件很差，大多数经销商工作人员不会操作电脑，宝洁公司就亲自派人上门帮助经销商安装系统并教会经销商工作人员怎样使用该系统，并向经销商解释使用该系统的好处等，同时采取一些强制性措施，告之假如不使用该系统，将会取消其经销资格。经过近一年时间，宝洁公司基本实现了用这套系统管理所有经销商。

针对当时大卖场崛起导致经销商利润越来越微薄，经销商积极性受到极大影响的情况，宝洁公司将经销商转变为服务商，为经销商提供的仓储物流方面的服务支付一定的服务费。

为解决经销商过多带来的控制力下降及区域窜货问题，1999 年 7 月，宝洁公司着手对经销商进行整改，只留下与宝洁公司配合最好、最密切的大型经销商，同时推进经销商转型。经销商的角色由靠低进高出获取产品差价为盈利模式的传统商人向现代专业服务提供商转变，以赚取服务佣金为盈利模式，提供市场分销覆盖、补货、物流供应及帮助生产企业进行零售终端店内管理和资源争夺服务。

在20世纪90年代末，现代零售终端特别是大卖场在中国出现并普及后，宝洁公司的渠道管理政策便开始从以分销为中心转向分销、直销并驾齐驱。宝洁公司的经销商已经不是传统意义上的经销商，而更像宝洁公司渠道政策的执行者，宝洁公司内部也专门设立了经销商管理岗位，以加强对经销商的管理和有效掌控。

问题：

1. 宝洁公司采用的是哪种分销渠道？
2. 宝洁公司是如何看待渠道冲突的？
3. 宝洁公司是怎样处理和经销商之间的关系的？
4. 宝洁公司是如何激励渠道成员的？
5. 宝洁公司是如何控制渠道成员的？

第八章 促销策略

第一节 促销组合

一、填空题

1. 促销组合由人员推销、广告、公共关系及营业推广四种基本促销方式构成，体现了__________这一现代市场营销理论的核心思想。

2. 促销策略可分为三种，即推式促销策略、拉式促销策略以及______________。

3. 一般来说，如果企业的促销目标为建设品牌、树立形象等长期目标，则建立广泛的、与之适应的______________以及投入广告则显得非常重要。

4. 促销可以促使消费者对企业产品产生好感，从而培养和提高其对品牌的________度，提高企业产品市场占有率。

5. 采用拉式促销策略，促销信息流向和产品流向是__________的。

二、选择题

1. 促销的本质是企业同目标市场之间的（　　）。

A. 交换　　B. 交易　　C. 合作　　D. 沟通

2. 产品性能及使用方法需现场展示，宜采用的促销策略是（　　）。

A. 推式促销策略　　B. 拉式促销策略

C. 推拉结合式促销策略　　D. 混合式促销策略

3. 如果企业的促销目标是近期效益，宜加大促销组合中（　　）的比重。

A. 公共关系　　B. 营业推广

C. 电视广告　　D. 网络广告

4. 一般来说，对于规模小而相对集中的市场，较多采用的促销方式是（　　）。

A. 人员推销　　B. 广告　　C. 营业推广　　D. 公共关系

5. 竞赛、游戏等促销方式属于（　　）的范畴。

A. 人员推销　　B. 广告

C. 营业推广　　D. 公共关系

三、判断题

1. 企业主办大型公益捐赠会属于开展广告促销。（　　）

2. 尖端工业设备等产品促销宜采用拉式促销策略。（　　）

3. 在产品导入期，企业不宜在公共关系上花费资金。（　　）

4. 运用公共关系进行促销比运用营业推广见效快。（　　）

5. 针对消费品市场的促销组合应以广告为主，而针对工业品市场的促销组合应以人员推销为主。（　　）

6. 生活必需品和消费品促销通常应采用人员推销。（　　）

四、名词解释

1. 促销

2. 促销组合

3. 拉式促销策略

4. 推式促销策略

五、简答题

1．促销的作用有哪些？

2．简述推式促销策略的特点及应用场合。

3．简述拉式促销策略的特点及应用场合。

4．在做促销组合决策时，通常要考虑哪些因素？

六、案例分析

材料一：1984年金秋，上海东风沙发厂在上海体育馆附近的空旷场地上将“龙凤牌”席梦思床垫平放在地，并开来10吨重的压路机，好奇的人们从四面八方围拢过来看热闹，只见那合抱粗的滚筒，伴随着机器的“隆隆”声，朝床垫碾压过去，并来回碾压了4次。直径仅几厘米的盘香弹簧能挺得住如此重压吗？人们不禁暗暗担忧。然而，让人出乎意料的是，质量检验人员当场拆开床垫，1.5 m宽席梦思床垫中的288个弹簧竟无一损坏、几乎完好，目击者无不咂舌赞叹。从此，“龙凤牌”席梦思床垫名噪一时，沙发厂每天收到本市及外地求购床垫的信件达四五十封之多。

材料二：甘肃兰州汽车运输公司张某驾驶的一台解放牌底盘改装客车，行驶110万公里无大修。长春第一汽车制造厂便邀请他回一趟这辆客车的“娘家”。张某又驾驶这辆汽车，途经六省一市，行驶3 000多公里赶到长春。汽车制造厂向张某颁发了模范用户证书，并提供了一辆新型解放牌汽车让他试用。这件事成为一大新闻，在多家报纸上被刊登出来。

问题：

1. 材料一中东风沙发厂运用了哪种促销策略？

2. 材料一中东风沙发厂运用了哪种推销技巧？

3. 材料二中长春第一汽车制造厂运用了哪种促销策略？

4. 材料二中长春第一汽车制造厂运用了几种促销方式？

第二节　人员推销

一、填空题

1. 找到潜在客户后，应该运用________法则对潜在客户进行评估，然后根据评估情况列出拜访对象。

2. 推销人员应知己知彼，充分掌握以下三方面的知识：________、客户知识和竞争者知识。

3. 约见客户的方式有____________、信函约见法、当面约见法、委托约见法、广告约见法和网上约见法等。

4. 吸引客户注意力的方法有许多，如形象吸引法、________吸引法、动作吸引法、产品吸引法、现场广告吸引法等。

5. 激发客户购买欲望的方法和技巧有三大类：推销效用法、__________和多方证实法。

6. 物质激励手段主要有制定固定工资加奖金薪酬制度、____________薪酬制度、固定工资加提成薪酬制度等。

二、选择题

1. 人员推销的基本形式不包括（　　）。

A. 上门推销　　B. 柜台推销　　C. 电话推销　　D. 广告推销

2. 采用费比模式最关键的一步是（　　）。

A. 特点介绍　　B. 优点介绍　　C. 利益介绍　　D. 证据展示

3. 推销方格理论认为理想的推销员的类型为（　　）。

A. 客户导向型　　B. 解决问题导向型

C. 强销导向型　　D. 推销技术导向型

4. 推销工作效率高，节省费用，推销范围广泛，但比较容易被客户拒绝的推销形式是（　　）。

A. 上门推销　　B. 柜台推销　　C. 会议推销　　D. 远程推销

5. 产品品种简单的企业在建立推销团队时，适宜采用的配备推销员的方式是（　　）。

A. 按产品线配备　　B. 按地理区域划分配备

C. 按客户类别配备　　D. 复合式配备

6. 采用爱达模式进行推销，推销工作的第一步是（　　）。

A. 准确发现客户的需要和愿望

B. 把推销品与客户的需要、愿望结合起来

C. 将产品特征详细地介绍给客户

D. 吸引潜在客户的注意力

三、判断题

1. 达成交易是推销结束的标志。（　　）
2. 上门推销比较适合标准化产品的销售。（　　）
3. 推销实践反复证明：推销员的心态越好，推销效果越好。（　　）
4. 推销员不但要对自己有信心，还要对自己的企业和产品有信心。（　　）

四、名词解释

1. 人员推销

2. 推销三角理论

3. 推销方格理论

五、简答题

1. 简述人员推销的特点、基本形式和步骤。

2. 常用的接近客户的方法有哪些？

3. 典型推销理论和推销模式分别有哪几种？

4. 简述人员推销方案设计的步骤。

六、案例分析

以下是某酒廊推销员小王的部分工作日记。

日记一

一对中年夫妇来到店里，我迎上去致欢迎词，礼貌地询问：“您好，请问您需要什么酒？”

他们冲我一笑，说道：“随便看看。”

我回应：“您随便看，有什么需要请随时吩咐。”

（总结：与顾客保持适当距离，时刻关注，寻找恰当的推销机会，以便于及时为其提供服务。）

这时顾客驻足于君顶酒庄的酒柜前，说：“你们这儿也有这款酒啊，我喝过这款酒，而且我去过这个酒庄，那里有跑马场、高尔夫球场，我还去那里的酒窖看过。”

我回应：“是吗？您真是见多识广，我太羡慕您了。您一定是懂酒的行家吧？”

顾客笑道：“一般吧。”从顾客的笑容中可以看出他非常愿意接受赞扬。

我继续说：“您一定还去过不少地方，喝过不少名酒吧？”

（总结：适时地赞扬顾客，满足顾客求尊重的心理需要。）

不等顾客回答，我接着说：“我们店里有一款澳大利亚进口的雅典娜干红，老会员都反映这个酒味道非常浓郁、醇厚，性价比很高，我推荐您品尝一下。”

顾客接受了我的建议，“那就拿上两瓶吧”。

（总结：有的时候把会员的反馈告知顾客，比夸夸其谈更有说服力。）

我接着说：“您办张会员卡吧，相信您喝完这款酒之后还会经常光顾我们店的，会员购买酒可以打九折，积分还可以兑换礼品，非常实惠。”顾客欣然接受。

（总结：对自己所售商品要表露出超强的信心，辅以适时的心理暗示，会使顾客产生信任感，并且觉得自己购买产品是对的。）

最后顾客又选了一瓶风笛手威士忌，并非常高兴地与我道别。

日记二

有位50多岁的大叔来到我们店，问我："姑娘，问一下，喝红酒对身体有什么好处啊？"

我说："大叔，喝红酒的好处可多了，经常喝可以助消化、增进食欲、减肥、抑制脂肪的吸收，还能利尿杀菌，对心血管病、肾结石、老年痴呆症、动脉硬化、脑血栓等的防治都有好处。"

"哦，我知道了，怪不得他们让我买红酒喝，原来喝红酒的好处这么多啊！那你就给我拿两瓶便宜的，贵的咱买不起！"

"好的，我们店里有一款酒，原价45元，现在搞活动39.9元一瓶，既便宜又实惠！"

"行，姑娘，就买它了！"

（总结：对自动上门的顾客直入主题。）

日记三

一位顾客风风火火地来到我们店里，还没等我开口，就说："赶紧的，给我介绍一款酒，我要送人，盒子不要太大，一盒一瓶装的，价格不要太高，一百多块钱的。"说实话，当时脑子里还真没想出来到底哪款酒符合他的要求，我眼睛一瞥，正好看到了酒架上的礼盒装赛美容干白，我说："这款可以吗？158元一瓶。""行行，就它吧，赶紧装起来，早知道这样，直接来你们这儿买好了。"

顾客走后我在想，在这种情况下，如果没有及时地给顾客找到他想要的酒，这个顾客就会流失了。

（总结：熟记酒的价格和品种十分重要。）

问题：

1. 在日记一中，小王运用了什么方法接近顾客？
2. 在日记二中，小王是怎样促成交易的？
3. 该案例中的推销属于哪种推销形式？这种推销形式有什么特点？
4. 结合案例，评析小王的推销技巧。
5. 结合案例，谈谈推销员应该具备哪些素质和技能。

第三节　广　告

一、填空题

1. 根据广告目的不同进行分类，广告可以分为通知型广告、__________和提醒型广告。

2. 根据传播媒介不同进行分类，广告可以分为印刷类广告、电子类广告和_________三种。

3. __________是采用理性说服方法的广告，它通过唤起消费者的理智来传达广告内容，从而达到促进销售的目的，也称说明性广告。

4. 常见的广告媒介有报纸、杂志、广播、电视、户外、________、DM、网络等。

5. 在进行广告创意时，应该遵循的原则是准确性原则、________性原则、简洁性原则和特色性原则。

二、选择题

1. 在新产品入市阶段，主要采用的广告形式是（　　）。

A. 通知型广告　　B. 提醒型广告

C. 说服型广告　　D. 竞争型广告

2. 能够在消费者采取购买行动的最后阶段帮助其在不同品牌产品间做出选择的广告通常是（　　）。

A. 电视广告　　B. 报纸广告　　C. 杂志广告　　D. POP

3. 覆盖面最广的广告通常是（　　）。

A. 报纸广告　　B. 户外广告　　C. 网络广告　　D. POP

4. 进行广告“创意”的基础是（　　）。

A. 广告定位　　B. 美观大方　　C. 生动有趣　　D. 形式独特

5. 一般在产品成长期和成熟期经常采用的广告形式是（　　）。

A. 通知型广告　　B. 提醒型广告

C. 说服型广告　　D. 竞争型广告

三、判断题

1. 广告是规模最大，传播最快、最广泛的信息传递媒介。（　　）

2. 好的广告既有利于帮助消费者树立正确的道德观、人生观，也有利于企业培育忠诚消费者。（　　）

3. 提醒型广告在产品成熟期十分重要。（　　）

4. 户外广告不便于传播长而复杂的信息，更不适合做深度说服。（　　）

5. 某纯净水广告“二十七层，层层过滤”，属于感性诉求广告。（　　）

6. 山叶钢琴的广告语“学琴的孩子不会变坏”，采用了观念定位策略。（　　）

四、名词解释

1. 广告

2. 通知型广告

3. 感性诉求广告

五、简答题

1. 简述广告的作用。

2. 常见的广告媒介有哪些?

3. POP 有哪些特点?

4. 网络广告有哪些特点?

六、案例分析

企业在做广告时，大多只会介绍自己产品的优点，以招徕更多的顾客，谁也不愿意向顾客透漏自己产品或服务的不足。然而，大千世界无奇不有，偏偏有人要宣传自己服务的不足，但其得到的结果却与大多数人的想象正好相反。

某企业曾刊登这样一则广告：这种手表走得不太准确，24 h 会慢 24 s，请君购买时三思！但顾客们却似乎格外倔强，这种手表的销量因这则广告而扶摇直上。

一则香烟广告的广告词如下：禁止抽各种香烟，连 555 牌也不例外。结果，555 牌香烟销量大增。

美国俄勒冈州的一家饭店在门前竖起了这样一个大广告牌，上面写着“俄勒冈州最差的食物”。该饭店的老板也直言不讳地说：“我是最差劲的厨师。”可顾客并未被“最差”二字吓跑，前来就餐的顾客反而越来越多，甚至连世界各地的游客都来这里凑热闹。

问题：

请分析案例，说一说其中的广告创意。

第四节　公共关系

一、填空题

1. 公关促销对内可协调各部门的关系，对外可加强企业与消费者的关系，扩大企业的知名度、信誉度、__________。

2. 公共关系是在企业与消费者__________和相互影响的过程中形成的。

3. 公关促销的方式主要有__________、征询性公关、交际性公关、服务性公关、社会性公关、事件性公关和危机性公关等。

4. 公共关系是以__________为基础的双向沟通，信息沟通与传播是公共关系的基础。

5. 公共关系是一种创造美好________的艺术，目的是使消费者全面了解企业，从而建立企业的声誉和知名度。

二、选择题

1. 在市场营销学体系中，企业最常用来建立公众信任的工具是（　　）。

A. 广告　B. 公关关系　C. 人员推销　D. 营业推广

2. 公共关系是企业与其（　　）之间的关系。

A. 消费者　B. 客户　C. 供应商　D. 员工

3. 企业针对突发危机事件采取了一系列自救行动，包括消除影响、恢复形象等，这种公关促销方式属于（　　）。

A. 事件性公关　B. 危机性公关

C. 交际性公关　D. 宣传性公关

4. 具有直接、灵活、亲密、富有人情味等特点，能深化交往层次的公关促销方式是（　　）。

A. 事件性公关　　B. 危机性公关

C. 交际性公关　　D. 宣传性公关

5. 通过赞助文化、教育、体育、卫生等事业，支持社区福利事业，参与国家、社区重大社会活动等形式来塑造企业的社会形象，提高企业的知名度和美誉度的活动属于（　　）。

A. 征询性公关　　B. 社会性公关

C. 交际性公关　　D. 宣传性公关

三、判断题

1. 公共关系就是员工与顾客之间的关系。（　　）
2. 要搞好公共关系，企业必须做到诚实守信。（　　）
3. 公共关系的本质和目的就是建立好人际关系。（　　）
4. 公关活动的目标应与企业的整体目标相一致，并应尽可能具体。（　　）
5. 公共关系是企业管理的独立职能。（　　）

四、名词解释

1. 公共关系

2. 公关促销

3. 事件性公关

五、简答题

1. 企业怎样才能做好公关促销工作？

2. 公关促销方案的设计包括哪些内容？

3. 宣传性公关的实施方式有哪些？

六、案例分析

20世纪50年代，法国白兰地已享有盛誉。白兰地公司把名酒白兰地打入美国市场时，公司没有采用常规的推销宣传手段进行宣传，而是在美国总统艾森·豪威尔67岁寿辰之际，以窖藏69年的白兰地作为贺礼，特邀法国著名艺术家设计制作专用酒桶，派专机将白兰地送往美国，在美国总统寿辰之日举行隆重的赠酒仪式，并将这一消息通过各种新闻媒介传播给美国大众，邀请知名媒体对该事件进行连续报道，这些报道吸引了千百万人，该事件成了当地市民口中的热门话题。白兰地就在这种氛围中“昂首阔步”地走上了美国国宴和市民餐桌。

问题：

1. 白兰地是如何进入美国市场的？

2. 白兰地公司运用了哪种促销方式使白兰地进入美国市场？

第五节　营业推广

一、填空题

1. 竞赛活动一般有3种：知识型竞赛、思维型竞赛、____________。

2. 积点促销是指企业制定短期内多次购买可通过累积积点、贴花、换物票等兑换赠品的促销政策，以提高消费者____________的营业推广形式。

3. 赞助促销的常见形式有出资赞助、以工代助、以物代助、____________、协作赞助等。

4. 联合促销常见的形式有同业联合、____________、纵向联合等。

5. 营业推广对象有3种类型：消费者、中间商、____________。

6. 营业推广的决策过程主要包括____________、选择方式、制定方案、方案实施与评价等。

二、选择题

1. 营业推广的特点不包括（　　）。

A. 注重短期性效果　　B. 重在树立企业品牌形象

C. 对冲动消费比较有效　　D. 主要靠利益吸引消费者

2. A品牌见到竞争品牌实施八八折促销优惠政策，当即决定跟进该政策，打折出售产品，此时A品牌进行营业推广的目标主要是（　　）。

A. 扩大销售　　B. 提升业绩　　C. 力推新品　　D. 抵抗进攻

3. 展示促销的形式不包括（　　）。

A. 路演　　B. 示范　　C. 游戏　　D. 抽奖

4. 下列说法正确的是（　　）。

A. 营业推广刺激性强，耗时较长，有利于企业树立品牌形象

B. 采用游戏促销时，无论选用哪种具体形式，都应以奖品来诱导消费者，以促销为目的

C. 会员制促销是商家普遍采用的营业推广手段，尤其适合连锁店采用

D. 试用促销比较适合价值较高的奢侈品促销

5. 下列说法不正确的是（　　）。

A. 竞赛促销时，竞赛参与率一般都很低

B. 采用游戏促销时，参与门槛越低越好

C. 有奖促销在设定奖品价值时，应以大额度、强刺激为原则

D. 佣金促销给中间人的佣金，必须如实入账

三、判断题

1. 折价促销为营业推广最常见的形式，采用这种促销形式促销效果明显。（　　）

2. 采用赠品促销时，企业应选择质量相对较差、式样相对较老的赠品以降低促销成本。（　　）

3. 企业在采用赞助促销时，赞助必须有益于社会公众，被赞助的对象或活动本身必须是正当、合法的。（　　）

4. 团批供应信息发布到网上后，在等待成团期间供应商不能变更产品信息和团批交易信息，并有责任履行有关本次团批的所有承诺。（　　）

5. 运用现场综合效应时，企业的现场管理难度较大，要注意维护好秩序，防止出现安全事故。（　　）

6. 在实际应用中，一种营业推广形式中往往夹带着多种促销方式。（　　）

四、名词解释

1. 营业推广

2. 有奖促销

3. 明佣

五、简答题

1. 简述营业推广的作用。

2. 简述折价促销的形式及特点。

3. 简述会员制促销的形式。

4. 制定营业推广方案时应做好哪些工作?

六、案例分析

一些店铺的营业推广活动如下：

1. 在购物满50元的基础上，顾客只要将近6年的购物小票送到店铺收银台，就可以按照促销政策兑换现金。

2. 几款价值10元以上的商品以超值1元的价格参加促销活动。

3. 某餐馆推出凭消费小票可参与抽奖活动，顾客消费次数越多可参与抽奖次数越多，餐馆将顾客获奖照片张贴在墙上，并配以文字“幸运，越多越好”。

4. 水果店为展现水果的新鲜程度，将水果带着叶子摆在货架上。

5. 儿童购物广场播放儿童喜爱的动画片来吸引儿童，并组织玩游戏、答对问题赢奖品活动，且儿童在活动期间购买玩具可享受折扣。

6. ×× 店有奖征集广告语。

问题：

以上促销活动分别采用了哪种营业推广形式？

第九章　市场营销发展新趋势

第一节　新媒体营销

一、填空题

1．只要是具有__________、话题的品牌、产品以及个人，都可以被看作是一个IP。

2．口碑营销是指企业运用各种有效手段，引发企业的目标用户对其产品、服务以及____________进行讨论，并激励用户向其周边人群进行介绍和推荐企业产品的营销方法。

3．事件营销是指企业通过策划、组织和利用具有____价值、社会影响力以及名人效应的人物或事件，引起媒体、社会团体和目标用户的兴趣，从而提高企业产品和服务的知名度、美誉度，树立良好的品牌形象，并最终促成产品成交的营销方法。

4．直播营销是指个人、企业或者品牌方等主体以____________为载体开展直播活动，以达到推广品牌或提高产品销量等目的的一种新媒体营销形式。

二、选择题

1．下列不属于新媒体传播媒介的是（　　）。

A．网络媒体　　B．手机媒体

C．新型报纸媒体　　D．新型电视媒体

2．“饿了么”平台通过限定全国仅有5万个免单名额的方式，营造一种“供不应求”的现象，从而刺激消费者快速做出购买决定。这种营销方式属于（　　）。

A．情感营销　　B．病毒营销

C．饥饿营销　　D．事件营销

3．电影《啥是佩奇》踩中了一个特殊的时间节点——春节，激起了不少人对故乡、亲人的情感，从而引起他们的强烈共鸣。这种营销方式属于（　　）。

A．情感营销　　B．病毒营销

C．饥饿营销　　D．事件营销

4．下列不属于目前主流直播平台的是（　　）。

A．搜狗直播　　B．抖音直播

C．淘宝直播　　　　　　　　　　　　D．快手直播

三、判断题

1．新媒体信息传播是双向的，用户可以对营销信息进行传播、讨论和反馈，甚至还能参与营销的策划与改进。（　　）

2．IP 营销就是想方设法让消费者能够快速高效地找到自己公司的网络地址，从而实现快速沟通。（　　）

3．新媒体营销需要互联网环境的支持，其传播方式和传播渠道是多样化的，基本不受时间和空间的限制。（　　）

4．病毒式营销是新媒体营销中比较常见的一种营销方式，常用于网站推广和品牌推广。（　　）

四、名词解释

1．新媒体营销

2．饥饿营销

3．情感营销

五、简答题

1．新媒体营销的主要形式有哪些？

2. 相较于传统媒体，新媒体营销的优势有哪些？

3. 新媒体营销的方法有哪些？

六、案例分析

9月4日，预热许久后，瑞幸正式推出与茅台联名的咖啡——酱香拿铁，承诺每杯都含贵州茅台酒，并配上了“美酒加咖啡，就爱这一杯”的标语。

一个是国内最大的连锁咖啡品牌，一个是酒界顶流，瑞幸和茅台的联名很快就刷屏了。上线首日，抖音瑞幸直播间就卖出了超100万杯酱香拿铁。

当天中午，话题“瑞幸客服回应喝酱香拿铁能否开车”同时登上微博、抖音热搜榜。微热点数据显示，茅台和瑞幸的热度指数都在当天中午12点达到近三天峰值。

网友们忙着发朋友圈的时候，瑞幸抖音直播间早已更换背景墙，“花19块钱感受咱爸的快乐”的标语让直播间观众跃跃欲试。

新抖数据显示，瑞幸抖音直播间当天累计直播观看人次达1 497万，比日常直播观看人次增长近30倍。

问题：

1. 瑞幸采用了哪种新媒体营销方式？请具体分析。

2. 瑞幸采用了哪种新媒体营销方法？

第二节 数字营销

一、填空题

1. 推荐引擎会根据用户________来推荐用户可能感兴趣的内容。

2. 数字营销基于明确的_________。

3. 当用户画像与内容________相匹配时，这些内容就会被推荐给可能对内容感兴趣的用户。

二、选择题

1. 推荐内容优化的信息匹配依据不包括（　　）。

A. 用户画像　　B. 内容标签　　C. 网络硬件　　D. 用户兴趣

2. 内容池中的内容能够快速被分类，形成内容标签，主要得益于（　　）。

A. BI 技术　　B. CI 策划　　C. IC 集成　　D. AI 技术

3. 搜索排名优化的目标是通过优化的方式提高目标受众搜索与企业相关的关键词时品牌信息的（　　）。

A. 质量　　B. 排名　　C. 含金量　　D. 关联度

三、判断题

1. 搜索排名优化的目标是提升企业网站及相关信息在搜索引擎中的排名，从而提高企业网站的流量、转化率及收益。（　　）

2. 在进行推荐引擎广告营销时，要先了解推荐引擎广告排名的规则，同时进行目标受众定向调研。（　　）

3. 数字营销推广活动比传统营销推广活动同质化程度更高。（　　）

四、名词解释

1. 搜索排名优化

2. 数字营销

3. 推荐系统

五、简答题

1. 数字营销的方法有哪些?

2. 进行推荐引擎广告营销要做好哪些工作?

六、案例分析

“客户旅程地图”工具是把一系列客户目标和操作整合成时间轴框架，然后将客户的想法和情感充实到框架中，形成故事，最后通过可视化呈现，描述客户与系统、服务、产品、品牌跨越时间和渠道所发生的互动。

简单来说，“客户旅程地图”工具就是客户为达成某一目标，在各个阶段与品牌在一系列触点上交互的总和。

在“以客户为中心”的时代，“客户旅程地图”工具可以协助企业提升数字化战略发展能力和产品服务水平，将企业的产品和服务高效连接到客户的生态价值链上。

该工具通过分析最基本的核心要素，包括认知、对比、试用、购买、续费和口碑等，真实刻画出客户与企业接触过程中的各个触点及渠道，标注出客户痛点及企业可采取行动的机会点，是企业洞察客户体验状态、优化关键环节的必备工具。

作为打造最佳客户体验的重要工具，“客户旅程地图”工具通过不断发掘客户行为数据，为企业的数字化转型助力并激发企业潜在成长价值。在该工具的帮助下，企业可以更好地了解客户被激励的原因，从而发掘新的机会点。

问题：

“客户旅程地图”工具的使用体现了数字营销的哪些特点？